Norvel Hayes

UND DU WIRST VISIONEN HABEN

Bilder und Träume, der biblische Standard

Aufbruch-Verlag

Bibelstellen werden mit freundlicher Erlaubnis des R. Brockhaus Verlags aus der Revidierten Elberfelder Bibel zitiert.

Übersetzung aus dem Englischen: Aufbruch-Verlag

Titel der Originalausgabe:
Visions. The Window to the Supernatural

Herausgeber der Originalausgabe:
Harrison House, Inc.
P.O. Box 35035, Tulsa, Oklahoma 74153

Aufbruch-Verlag
der GEMEINDE AUF DEM WEG
Babelsberger Str. 37
D-10715 Berlin
Tel.: 030-85 79 19-65
Fax: 030-8 54 77 50

1. Auflage 1996
ISBN 3-926395-21-4
Umschlaggestaltung: Heide Migdalek
Belichtung: DATEC GmbH, Berlin
Druck: Elbedruckerei Wittenberg

Inhaltsverzeichnis

Einführung

Visionen sind das Fenster Gottes zum Übernatürlichen. Sie werden von Gott gesandt, wie der Heilige Geist es will. Viele Christen wissen heute nichts von Visionen, und oft haben sie sogar Angst davor.

Der Leib Christi könnte sehr gesegnet werden, wenn er ein genaues Verständnis über göttliche Visionen hätte. Verpassen Sie nicht deshalb die Segnungen einer Vision, weil Sie einfach nichts davon verstehen oder nicht wissen, wie Sie persönlich damit umgehen sollen oder Angst haben, daß sie vom Teufel sind. (Sie können unterscheiden, ob eine Vision von Gott oder vom Teufel kommt.)

Über die Jahre hat der Herr mehrere Male durch Visionen zu mir gesprochen. Er hat mich auch durch den Heiligen Geist zu den Schriftstellen geführt, die von Visionen handeln. Dieses Buch beschreibt Ihnen, was ich darüber gelernt habe.

Visionen haben mich stark gesegnet. Sie gaben mir Richtung und Weisung für meinen Dienst. Sie haben mich von Gebundenheiten freigesetzt, und sie haben mich vor Gefahren gewarnt.

Einmal hat der Herr mir in einer Vision gezeigt, daß der Teufel versuchen würde, meine Tochter Zona zu töten, doch weil ich auf übernatürliche Weise gewarnt war, wurden Satans Pläne entlarvt. Durch Gebet und Fürbitte hat Gott mich gebraucht, die Kraft des Teufels zu brechen. Zona lebt heute, weil der Herr mir eine Vision gab.

Dasselbe kann auch Ihnen passieren, wenn Sie bereit sind, etwas darüber zu lernen. Sie mögen gut informiert sein über die Dinge des christlichen Lebens, doch wenn Sie keine Ahnung von Visionen haben und nicht wissen, was die Bibel darüber lehrt, werden Sie wahrscheinlich nicht glauben, daß Gott tatsächlich zu Ihnen reden oder Ihnen etwas zeigen will. Sie haben wahrscheinlich schon mehrere Visionen empfangen und ihnen keine Beachtung geschenkt, weil Sie nichts darüber wußten. Sie können die klügste Person auf der ganzen Welt sein, wenn Sie jedoch nie über die Bedeutung des Übernatürlichen belehrt worden sind und dem Dienst von Visionen niemals Beachtung geschenkt haben oder davon Kenntnis hatten, so werden Sie in Ihrem Geist nicht sensibel dafür sein.

Denken Sie immer daran, daß der Heilige Geist Ihnen nur in den Dingen helfen kann, für die Sie in Ihrem Geist dafür empfänglich sind. Es mag sein, daß Sie einer großen Gemeinde vorstehen und viele Seelen für Gott gewinnen. Das wird Ihnen nicht helfen, um die Bedeutung von Visionen zu kennen, weil Sie sich nie die Zeit genommen haben herauszufinden, was das Wort über diese übernatürlichen Offenbarungen des Herrn zu sagen hat. Der Herr sagt in seinem Wort:

> Hosea 4,6
> Mein Volk kommt um aus Mangel an Erkenntnis.

Dies gilt in gleichem Maße für Visionen, wie für andere Bereiche des christlichen Lebens. Selbst wenn Sie sich biblisches Wissen über Visionen angeeignet haben, so ist dies noch keine Garantie dafür, daß Sie jemals eine Vision empfangen werden. Es kann sogar sein, daß Sie niemals eine Vision von Gott empfangen werden. Viele Gläubige hatten niemals diese Erfahrung. Sie müssen keine Visionen empfangen, um ein Christ zu sein.

Obwohl ich Visionen empfangen habe, folge ich ihnen nicht nach oder suche sie und Sie sollten das auch nicht tun. Ich folge aber dem Herrn nach, der manchmal Visionen und andere übernatürliche Mittel gebraucht, um seine Kinder zu führen und zu informieren. Einige Menschen sehen sehr viele Visionen. Ich selbst habe nie viele Visionen empfangen, doch diejenigen, die ich empfing, haben mein ganzes Leben verändert.

Visionen kommen plötzlich und in der Regel unerwartet, wie der Heilige Geist es will und nicht wie wir es wollen. Obwohl wir nach Visionen und anderen übernatürliche Zeichen nicht suchen sollen, sollen wir doch offen dafür sein, sie zu empfangen. Die meisten Christen werden wahrscheinlich nie viele Visionen vom Herrn in ihrem Leben bekommen. Aber wenn Sie an sie glauben, werden Sie zumindest einige empfangen. Damit wir Visionen haben können, müssen wir jedoch über sie Bescheid wissen.

Es ist egal, ob Sie schon vor Jahren Visionen empfangen haben und nicht wußten, was Sie damit anfangen sollten oder ob Sie noch niemals eine Vision hatten. Solange Sie bereit sind, dazuzulernen und empfänglich bleiben für den Dienst des Heiligen Geistes in diesem Bereich, werden Sie vorbereitet sein für den Fall, daß Gott Sie auf diese spezielle Weise segnen will.

Sehen Sie zu, daß Sie soviel wie möglich über Visionen lernen, damit Sie offen für das sind, was der Herr für Sie bereit hat, während er in diesen letzten Tagen seinen Geist auf alles Fleisch ausgießt.

Kapitel 1

Visionen sind schriftgemäß

Es gibt Menschen, die das Thema Visionen überhaupt nicht betonen. Die Bibel jedoch betont dieses Thema sehr, und jedem Dienst des Heiligen Geistes, einschließlich Visionen, sollte der größte Respekt entgegengebracht werden.

Es gibt auf diesem Gebiet eine Menge zu lernen. Wir müssen über die Kraft von Visionen Bescheid wissen. Wir müssen wissen, wozu sie da sind und wie der Herr sie sendet. Wir müssen wissen, unter welchen Voraussetzungen wir erwarten dürfen, Visionen zu empfangen. Darüber hinaus müssen wir wissen, welche verschiedenen Arten von Visionen es gibt und welche Merkmale sie haben.

Visionen sind Gottes Fenster zum Übernatürlichen. Wenn wir als Christen im Dienst tätig sein wollen, speziell im vollzeitlichen Dienst, so müssen wir alles über dieses Thema wissen, was nur möglich ist. Es könnte ja sein, daß Gott uns eine Vision geben möchte über etwas Großes, das in unserem Leben passieren soll. Unser Verständnis davon, was sich im geistlichen Bereich ereignet, wird uns dabei helfen, die übernatürlichen Segnungen Gottes zu empfangen und von ihnen zu profitieren.

Dieses Buch wurde geschrieben, um Sie in Bezug auf Visionen zu erbauen und die Augen Ihres Verstandes aufzutun. Visionen sind schriftgemäß! Sie sind kraftvoll! Eine Vision kann einer dämonisch besetzten Person Befreiung bringen. Eine Vision von Gott kann für einen Menschen vollständige Befreiung bewirken. Eine Vision von Gott kann Anweisungen darüber enthalten, wie man reich werden kann. Durch die Vermittlung einer Vision kann Gott uns andere Menschen zeigen, die unseren Dienst brauchen. Er kann uns Offenbarung über ganze Länder geben, die wir durch seine Liebe und Gnade erreichen können. Er kann uns zeigen, wo wir hingehen sollen, um in seinem Auftrag zu handeln.

Wir müssen in der Lage sein, Visionen zu erkennen und die verschiedenen Arten zu unterscheiden. Um das zu tun, müssen wir herausfinden, was die Bibel dazu sagt.

Was ist eine Vision?

Die Definition ist einfach: eine Szene von Gott. Eine Vision bzw. ein »Gesicht« von Gott ist eine Szene, von der Gott will, daß wir sie sehen. Sie kann mit Worten verbunden sein, die wir von ihm hören sollen oder mit anderen akustischen Eindrücken. Durch solche Szenen möchte der Herr sich zu bestimmten Zeiten selbst offenbaren oder uns etwas über andere Menschen zeigen.

Eine Vision kann Klang, Licht und Handlung – eigentlich jede Art der Wahrnehmung – enthalten. Egal, welcher Art von Vision Sie begegnen, denken Sie immer daran, daß eine Vision eine Szene von Gott ist, die von Ihnen gesehen werden soll und von sonst keinem. Eine Vision ist eine persönliche Angelegenheit zwischen Ihnen und Gott. Es ist gut, sich immer wieder daran zu erinnern, daß eine bestimmte Vision einzigartig ist und nur von Ihnen und von niemandem sonst empfangen werden kann. Nur von Ihnen! Normalerweise zeigt Gott nicht jedem dieselbe Vision. Tatsächlich wird wahrscheinlich niemand in der Welt dieselbe Vision empfangen wie Sie, weil eine Vision oftmals nur für die Person ist, die sie von Gott empfangen hat, um etwas für sie Charakteristisches zu erfahren oder zu tun.

Verschiedene Formen von Visionen

Die höchste Form einer Vision, die eine Person empfangen kann, ist die offene Vision. Dabei geht man seinen täglichen Verpflichtungen nach, und plötzlich, total überraschend – mit weit geöffneten Augen – empfängt man eine Vision von Gott. Gewöhnlich geschieht das am hellichten Tage, während der Betreffende hellwach und im Vollbesitz seiner Sinne ist. Es ist unmöglich, eine offene Vision vorherzusagen.

In Apostelgeschichte 9,3-9 wird beschrieben, wie Saulus von Tarsus auf der Straße von Damaskus reiste, um die Gläubigen außerhalb von Jerusalem zu verfolgen. Plötzlich erschien ihm der Herr persönlich, und die ganze Welt wurde durch die Vision, die ihn veränderte, beeinflußt.

Saulus sah ein helles Licht und hörte eine Stimme. In den folgenden drei Tagen erhielt er eine neue Vision. Ohne mit seinen natürlichen Augen sehen zu können, sah er einen Mann namens Ananias, der zu ihm kam und ihm die Hände auflegte. (Apostelgeschichte 9,12).

Als dann die Szene, die Vision, die Gott Saulus über Ananias gegeben hatte, Wirklichkeit wurde, erhielt Saulus (der Paulus genannt wurde) sein Augenlicht zurück, und er wurde augenblicklich mit dem Heiligen Geist erfüllt.

Die Kraft des Herrn, gegenwärtig durch die Person Jesu, war so kraftvoll, daß sie ausreichte, Saulus' Leben in einem Moment für immer zu verändern. In einem Augenblick wußte Saul, daß Jesus real ist und lebt.

Ehre sei Gott für offene Visionen! (Manchmal wird Saul's Vision auf der Straße nach Damaskus auch eine geistliche Vision – eine Vision im Geist der Person – genannt. Sie unterscheidet sich von einer Vision in Abwesenheit oder Trance, weil Saul physisch blind war und Jesus im Geist sah.)

Die zweithöchste Form einer Vision ist die Vision in Abwesenheit oder Trance. Dabei fällt der Betreffende in eine Trance und verliert den geistigen Kontakt zur Außenwelt. Er verläßt den natürlichen Bereich und begibt sich in die geistliche Welt, wo er vom Herrn eine Vision empfängt.

Im elften Kapitel der Apostelgeschichte empfängt Petrus diese Art der Vision und handelt danach. Viele Christen denken, daß Paulus eine große Aufgabe vom Herrn empfing und diese erledigte. Aber wenn Petrus nicht eine spezielle Vision von Gott empfangen hätte, wären Sie und ich nicht Teil des Leibes Christi. Denn ohne diese Vision hätte Petrus nicht gewußt, daß es Gottes Wille war, den Heiden das Evangelium zu verkündigen. Jedesmal, wenn Sie an einer Kirche in Ihrer

Stadt vorbeikommen, denken Sie daran, daß es diese Kirche nur gibt, weil Petrus eine übernatürliche Vision empfangen hatte. Das zeigt, wie wichtig Visionen von Gott sind.

Einige Visionen kommen in der Nacht (Apostelgeschichte 16,9 und 18,9). Das ist die häufigste Erscheinungsform. Trotzdem sind sie in ihrer Art perfekt und genauso wichtig, wie die anderen Formen, sie sind eben nur weit verbreitet. Wenn wir jedoch nicht über Nachtvisionen Bescheid wissen, so werden wir etwas verpassen, weil wir sie schlichtweg ignorieren – aus Mangel an Erkenntnis. Es ist lebenswichtig, alle Formen dieser persönlichen Kommunikation mit dem Herrn zu kennen. Wir können aus Mangel an Erkenntnis umkommen (Hosea 4,6).

Gott könnte versuchen, uns durch eine nächtliche Vision zu warnen oder zu führen. Viele Menschen bekommen des nachts eine Vision von Gott und stehen am nächsten Morgen auf und sagen: Ich glaube, ich habe gestern Abend etwas Falsches gegessen – was ich wieder geträumt habe!«

Einige Menschen haben wahrscheinlich bereits drei- oder viermal die Führung und Segnungen Gottes verpaßt, weil der Heilige Geist ihnen Visionen über das gab, was sie tun sollten und sie es nicht taten. Das ist nur ein Grund, warum Sie, um Ihres und des Herrn willen, etwas über Visionen lernen sollten.

Visionen sind einfach normal!

> Joel 3,1
> Und danach wird es geschehen, daß ich meinen Geist ausgießen werde über alles Fleisch. Und eure Söhne und eure Töchter werden weissagen, eure Greise werden Träume haben, eure jungen Männer werden Gesichte sehen.

Einige Menschen in der Gemeinde mögen sagen, daß sie nicht an Visionen glauben, weil sie sonderbar sind. Nein, es ist nicht sonderbar, Visionen zu haben! Wenn Sie denken, Visionen seien sonderbar, dann begehen Sie einen großen Fehler. Visionen sind nicht sonderbar, sie sind schriftgemäß. Sie sind durch die ganze Schrift hindurch zu finden und die Bibel ist nicht sonderbar.

Es gibt Menschen, die sagen, daß sie Visionen bestimmt nicht folgen werden. Aber was ist mit Paulus? Paulus folgte Visionen. Er hörte die Stimme des Herrn auf der Straße nach Damaskus und tat exakt das, was der Herr ihm sagte. Er folgte den Anweisungen des Herrn, und der Herr verwandelte Saulus von Tarsus in Paulus den Apostel.

Falls Sie einer von denen sind, die denken, Visionen seien sonderbar, dann ist es auch kein Wunder, daß Sie ihnen nicht folgen oder Segnungen durch sie empfangen.

Wenn Sie jedoch wissen, daß Visionen schriftgemäß sind und von Gott kommen, dann sollten Sie auch wissen, daß es Visionen gibt, die vom Teufel kommen. Es ist mir natürlich klar, daß Sie das auch schon herausgefunden haben, wenn Sie schon ein wenig länger auf dieser Erde leben. Viele Dinge, die vom Teufel kommen, sehen aus, als wären sie in Ordnung. Manchmal kommt er als ein Engel des Lichts (2. Korinther 11,14). Doch wenn Sie die Bibel studieren und die richtige Betonung auf Visionen legen, so werden sie den angemessenen Platz in Ihrem Leben einnehmen.

Sie werden in der Lage sein, zu unterscheiden, welche Visionen von Gott sind und welche nicht. Sie werden Visionen nicht suchen, sie werden einfach kommen. Doch Sie werden nie wissen, wann sie kommen.

Das Zeugnis des Heiligen Geistes in uns und das Wort Gottes sind der beste Weg der täglichen Führung Gottes. Versuchen Sie nicht, sich bei Ihrem täglichen Wandel mit Gott auf Visionen zu verlassen, es könnte sein, daß Sie in zehn Jahren oder auch niemals etwas empfangen.

Ich würde sagen, daß die meisten Christen in der Vergangenheit zwei, drei oder vier Visionen empfangen haben, doch weil sie die Bedeutung und den Inhalt nicht verstanden, haben sie den vollen Segen der Visionen nicht empfangen können.

Der Heilige Geist lebt doch in Ihnen, oder? Möchten Sie, daß er Ihnen dient? Nun, er möchte Ihnen dienen, doch der Heilige Geist handelt nur gemäß den Aufträgen, die er vom Himmel bekommt.

Jesus sagt dem Heiligen Geist fortwährend, was dieser Ihnen von ihm sagen soll, und der Heilige Geist wird bestrebt sein, in Ihren Geist zu sprechen. Voraussetzung dafür ist jedoch, daß Sie über bestimmte Dinge aus dem Wort belehrt wurden, so daß Sie nicht unwissend sind. Sind Sie jedoch unwissend, so kann der Heilige Geist, obwohl er in Ihnen lebt, nicht zu Ihrem Geist reden. Es ist ihm dann unmöglich, Ihnen die Botschaft des Herrn zu vermitteln, weder in Form eines Bildes, noch durch eine nächtliche Vision.

Sobald sie verstanden haben, wie man mit Visionen umgeht, werden Sie die Segnungen, in die Gott Sie leiten will, nicht mehr verpassen, sondern Sie werden das, was der Herr Ihnen durch Visionen sagen will in Ihrem Geist aufnehmen.

Ich weiß durch eigene Erfahrung, daß das Verstehen von Visionen einen großen Segen bringt. Eine einzelne Vision kann Ihr Leben verändern. Eine Vision kann Sie freisetzen, sie kann Ihnen Gottes Pläne für Ihre Familie und Ihren Dienst zeigen. Eine Vision kann Sie vor Gefahr und vor den Anschlägen Satans warnen. Sie kann Ihnen eine Offenbarung Gottes und übernatürliche Erkenntnis vermitteln. Eine Vision kann Ihr Leben oder das eines geliebten Menschen retten.

Nein, Visionen sind nicht sonderbar, sie sind schriftgemäß, und sie sind für heute.

Kapitel 2

Gott redet noch immer durch Visionen

Die Vision, die Paulus auf der Straße nach Damaskus hatte, kam plötzlich, ohne Vorwarnung. Visionen kommen ohne Vorwarnung, sie passieren einfach. Gott gebrauchte diese Vision, um Paulus in den Dienst zu bringen. Wenn Sie für den Geist Gottes offen sind, kann es sein, daß er auch heute noch zu Ihnen durch Visionen reden wird.

> Apostelgeschichte 9,1-9
> 1 Saulus aber schnaubte immer noch Drohung und Mord gegen die Jünger des Herrn, ging zu dem Hohenpriester
> 2 und erbat sich von ihm Briefe nach Damaskus an die Synagogen, damit, wenn er einige, die des Weges wären, fände, Männer wie auch Frauen, er sie gebunden nach Jerusalem führe.
> 3 Als er aber hinzog, geschah es, daß er Damaskus nahte. Und plötzlich umstrahlte ihn ein Licht aus dem Himmel;
> 4 und er fiel auf die Erde und hörte eine Stimme, die zu ihm sprach: Saul, Saul, was verfolgst du mich?
> 5 Er aber sprach: Wer bist du, Herr? Er aber sagte: Ich bin Jesus, den du verfolgst.
> 6 Doch steh auf und geh in die Stadt, und es wird dir gesagt werden, was du tun sollst.
> 7 Die Männer aber, die mit ihm des Weges zogen, standen sprachlos, da sie wohl die Stimme hörten, aber niemand sahen.

8 Saulus aber richtete sich von der Erde auf. Als sich aber seine Augen öffneten, sah er nichts. Und sie leiteten ihn bei der Hand und führten ihn nach Damaskus.
9 Und er konnte drei Tage nicht sehen und aß nicht und trank nicht.

Die Vision des Paulus auf der Straße nach Damaskus war eine offene Vision. (Wie ich schon zuvor erwähnte, wird die Vision Sauls auch als geistliche Vision bezeichnet). Das, was die offene Vision von allen anderen unterscheidet, ist die Tatsache, daß sie mit offenen Augen empfangen wird. Eine offene Vision wird empfangen, während man seinen täglichen Geschäften nachgeht, so wie es auch bei Saulus der Fall war.

Saulus war auf seinem Weg nach Damaskus, um noch mehr Christen zu verfolgen. Er trug ein Schreiben bei sich, daß ihm die Autorität verlieh, Frauen und Männer in Ketten zurück in die Synagoge nach Jerusalem zu bringen. Doch bevor er damit Erfolg hatte, wurde er plötzlich von einem hellen Licht umgeben. Aus diesem Licht heraus sprach der Herr Jesus zu Saulus, der auf die Erde gefallen war und nicht mehr sehen konnte.

Saulus blieb für drei Tage und Nächte blind. Während dieser Zeit nahm er weder Wasser noch Nahrung zu sich, sondern betete und empfing eine weitere Vision von Gott, in der er einen Mann namens Ananias kommen sah, der ihm die Hände auflegte und so seine Sehkraft wiederherstellte.

Die Vision des Ananias

Apostelgeschichte 9,10-20
10 Es war aber ein Jünger in Damaskus, mit Namen Hananias; und der Herr sprach zu ihm in einer Erscheinung: Ananias!
11 Der Herr aber sprach zu ihm: Steh auf und geh in die Straße, welche die »gerade« genannt wird, und frage im Haus des Judas nach einem mit Namen Saulus von Tarsus.
12 Und er hat im Gesicht einen Mann mit Namen Ananias gesehen, der hereinkam und ihm die Hände auflegte, damit er wieder sehend werde.

13 Ananias aber antwortete: Herr, ich habe von vielen über diesen Mann gehört, wieviel Böses er deinen Heiligen in Jerusalem getan hat.
14 Und hier hat er Vollmacht von den Hohenpriestern, alle zu binden, die deinen Namen anrufen.
15 Der Herr aber sprach zu ihm: Geh hin!
16 Denn ich werde ihm zeigen, wie vieles er für meinen Namen leiden muß.
17 Ananias aber ging hin und kam in das Haus; und er legte ihm die Hände auf und sprach: Bruder Saul, der Herr hat mich gesandt, Jesus – der dir erschienen ist auf dem Weg, den du kamst –, damit du wieder sehend und mit Heiligem Geist erfüllt werdest.
18 Und sogleich fiel es wie Schuppen von seinen Augen, und er wurde sehend und stand auf und ließ sich taufen.
19 Und nachdem er Speise genommen hatte, kam er zu Kräften. Er war aber einige Tage bei den Jüngern in Damaskus.
20 Und sogleich predigte er in den Synagogen Jesus, daß dieser der Sohn Gottes ist.

Ananias empfing ebenfalls eine Vision. Der Herr sagte ihm, was er tun sollte. Er sagte ihm, wo er Saulus finden würde und daß er ihm die Hände auflegen sollte. Saulus würde wieder sehen können und mit dem Heiligen Geist erfüllt werden.

Der Herr sagte: »Saulus hat bereits gesehen, daß du kommen wirst und ihm die Hände auflegst. Er wird geheilt werden, wieder sehen und mit dem Heiligen Geist erfüllt werden.«

Ananias wollte nicht gehen. Er diskutierte ein wenig mit dem Herrn, weil er wußte, daß Saulus sehr skrupellos war, doch zum Schluß gehorchte er dem Herrn.

Saulus, uns jetzt bekannt als Paulus, gehorchte dem Herrn ebenfalls. Nachdem er wieder sehen konnte und mit dem Heiligen Geist erfüllt wurde, blieb er in Damaskus und begann in den jüdischen Synagogen zu predigen.

Der neue Apostel verschwendete keine Zeit. Er begann sofort, das Evangelium zu verkündigen. Eine Person, die drei Tage blind ist und während dieser Zeit betet, kann eine Menge Offenbarungen von Gott empfangen.

Es ist erstaunlich, was der Herr einer einzelnen Person in drei Tagen lehren kann. Durch Visionen und Anweisungen lehrte der Herr Paulus und gab ihm seinen Dienst. Man könnte sagen, Paulus absolvierte, bevor er in den Synagogen predigte, in drei Tagen eine vollständige Ausbildung in Bezug auf das Neue Testament.

Gott kann Sie drei Tage im Geist ruhen lassen und Ihnen in dieser Zeit mehr beibringen, als Sie in siebenhundert Jahren Bibelschule lernen könnten. Der Heilige Geist ist ein großer Lehrer.

Offene Visionen

Auch heute noch gibt es offene Visionen. Ich hatte eine Anzahl offener Visionen. Die erste Vision, die ich überhaupt empfing, war eine offene Vision.

Obwohl die folgende Vision nicht die erste offene Vision war, die ich empfing, möchte ich über sie erzählen. Sie betraf den Dienst von Bruder Kenneth Hagin und seiner Frau Oretha. Es ist eine gute Anschauung, wie sich eine Vision unerwartet und plötzlich entfalten und wie weitreichend sie sein kann.

Ich sprach eines Tages in einer Gemeinde in Indianapolis im Staate Indiana, USA. Ohne mein Wissen kamen auch Bruder Hagin und seine Frau zu dieser Versammlung. Ich wußte nicht, daß sie zugegen waren. Nach dem Gottesdienst lud mich der Pastor der Gemeinde zum gemeinsamen Essen in sein Haus ein und fragte mich, ob ich die Hagins fragen könnte, ob auch sie kommen wollen. Ich tat das und sie stimmten der Einladung zu. Ich saß dort und redete mit Oretha Hagin. Wir hatten gerade eine angenehme Unterhaltung.

»Nun, Bruder Norvel«, sagte sie, »wir wollen anderen jungen Diensten helfen, das wollen wir wirklich«.

Sie erzählte mir, daß sie zusammen mit ihrem Mann vierzig, fünfzig oder sechzig junge Menschen – ausgewählte Gefäße des Herrn – für den Dienst zurüsten wollte.

»Wir wollen sie in den Wegen des Herrn unterrichten. Wir können sie die Dinge lehren, die der Herr uns gelehrt hat und so ein Segen für sie sein.«

Während Oretha dort saß und mir alle diese Dinge erzählte, hörte ich ihr aufmerksam zu, ohne einen Gedanken daran zu haben, irgend etwas vom Herrn zu empfangen. Plötzlich empfing ich eine Vision. Ich sah ein riesiges Universitätsgelände!

»Nein, nein, es wird nicht auf diese Weise geschehen«, fiel ich Oretha ins Wort. Auf so plötzliche Weise unterbrochen schwieg sie und hörte dem, was ich in meiner Vision sah, mit weit aufgerissenen Augen zu.

»Ich sehe ein Universitätsgelände«, sagte ich, »ein riesiges Universitätsgelände mit hunderten und aberhunderten von Menschen und einer Menge Gebäuden.«

»Oh, nein«, rief sie, »ich dachte wir bekommen ein wenig Ruhe!«

»Nein«, sagte ich zu ihr, »es gibt keine Ruhe für jemanden, der so klug ist wie ihr.«

In dieser Vision sah ich das Universitätsgelände des »Rhema Bibel Training Center« (Rhema-Bibelschule) in Broken Arrow im Staat Oklahoma. Ich sah es so klar, wie den Tag und was ich sah, sprach ich aus. Ich sprach es sehr kraftvoll aus, weil ich es so stark sah. Das war bevor auch nur irgend etwas mit »Rhema« angefangen hatte. Zu dieser Zeit dachten die Hagins gerade daran, einen Raum zu mieten, um eine handvoll junger Menschen, die dem Herrn dienen wollten, einzuladen. In der Vision, die er mir gab, zeigte mir der Herr, daß es nicht das war, was er sich gedacht hatte.

Es mag jemand sagen: »Nun, Bruder Norvel, warum sollte der Herr dir das Universitätsgelände von 'Rhema' zeigen und nicht Bruder und Schwester Hagin?« Das soll wohl ein Scherz sein? Hätten sie in jenen Tagen ein Universitätsgelände wie dieses gesehen, sie hätten es mit der Angst bekommen. Mich jedenfalls hätte es erschreckt, wenn diese Vision mich betroffen hätte.

Hätte der Herr mir zu jener Zeit meines Lebens und Dienstes eine solche Vision gegeben – in der er zu mir gesprochen hätte: »Ich mache dich verantwortlich dafür, daß dieses Universitätsgelände gebaut wird, mit tausenden von Studenten und es wird Millionen von Dollar kosten und du wirst es bauen«, wäre ich ein nervliches Wrack geworden. Aber nicht jetzt. Ich habe in der Zwischenzeit gelernt, wenn Gott Sie Ihr Leben lang genug gefördert hat, machen Sie solche Dinge nicht mehr nervös.

Diese Vision hat Bruder Hagin umgehauen. Sie würden denken, er war so begeistert, daß er den Wunsch hatte gleich ein zweites »Rhema« an einem anderen Ort zu bauen. Anstatt dessen sagte er zu mir: »Oh, nein, nein! Bitte sieh nicht noch eins!«

Sehen Sie sich all die Universitätsgelände der Universität von Texas in den verschiedenen Städten an. Die Universität von Tennessee hat überall im Staat einige Universitätsgelände. Nun, die Vision, die ich empfangen hatte, nahm dieses System als Vorbild und es ist genau so zustande gekommen. Heute gibt es kleine »Rhemas« in Afrika, Indien und an anderen Plätzen der Erde. Sie sind genau so aufgebaut worden, wie die eine Bibelschule, die mir der Herr zeigte.

Die Vision war einzigartig. Solche Abschlußklassen, wie die aus Rhema, sieht man nicht überall. Jedes Jahr gehen aus »Rhema« Absolventen hervor, die das Wort des Glaubens in sich haben, die wissen, wie man für Menschen betet, damit sie gesund werden, und die wissen, wie man Dämonen austreibt, um Menschen freizusetzen.

Der Teufel kann einem irgendwie leid tun, wenn man eine Gruppe dieser Absolventen losziehen läßt. Sie haben keinerlei Gnade mit ihm. Sie fahren einfach in die Stadt, steigen aus ihrem Auto und verkünden: »Sieh, Teufel, hier ich bin. Ich komme von »Rhema«. Im Namen Jesus werde ich Dämonen austreiben und für die Kranken beten. Ich binde dich in Jesu Namen. Ehre sei Gott. Ich bin von Gott selbst gesandt, um diese kostbaren Seelen in den Himmel zu bringen und du wirst mich nicht aufhalten. Teufel, ich binde dich in dem Namen Jesu. Ich werde für jeden in dieser Stadt beten, der krank ist. Ich werde dich überall vertreiben, wo ich dir begegne. Ich werde dich hinauswerfen, in Jesu Namen.«

Dieses Erlebnis war für mich der Beweis, daß Gott immer noch zu seinem Volk durch offene Visionen redet.

Mehr offene Visionen

Vor einigen Jahren gab mir Gott innerhalb einer Woche zwei offene Visionen. Es war während einer Konferenz in Tulsa, Oklahoma. Ich war als einer der Sprecher vorgesehen. Meine Augen waren weit geöffnet, als ich die beiden Visionen empfing.

Die erste Vision handelte von Engeln. Gott hatte mir zuvor niemals eine Vision gegeben, um mir zu zeigen, wie er mit den Engeln zusammenarbeitet. Es ist so, Engel sind Gottes Helfer, sie sind es wirklich. Sie helfen ihm, bestimmte Dinge zu tun. Wir haben ja keine Ahnung von all den schönen Dingen, die Engel betreffen. Die Engel haben einen Dienst hier auf der Erde.

In meiner Vision sah ich, wie Engel im Unsichtbaren unter den Menschen arbeiteten. Sie gaben den Menschen neue Herzen. Ich sah, wie die Engel einfach neue Herzen in die Menschen einpflanzten, und daß einige Menschen dem widerstanden. Andere sah ich flach auf den Boden fallen, als sie ihr neues Herz empfingen.

Der Herr sprach zu mir und sagte: »Ich werde dir sagen, wann du handeln sollst. Erst dann erzähle den Menschen, was du in der Vision gesehen hast. Erzähle es, bevor du die Menschen, die ein neues Herz brauchen aufrufst. Erzähle ihnen, was du gesehen hast, daß einige von ihnen widerstehen werden und andere flach auf den Boden fallen werden. Sage ihnen, daß sie sich mir ganz hingeben sollen. Sage es ihnen frühzeitig, denn ich werde es tun, ich werde genau das tun, was du gesehen hast. Erzähle es ihnen. Dann, wenn ich es ausführen werde, wird es sowohl bei denen, die noch gar nicht errettet sind, als auch bei denen, die mit einem Bein drin und mit dem anderen draußen sind, Glauben aufbauen. Es wird ihren Glauben so stark aufbauen, daß sie wissen: 'Ich, Gott, habe das, was geschieht, in meiner Hand und kann etwas für sie tun.' Das wird ihnen zeigen, daß ich zu Männern und Frauen rede.«

»Aber Herr«, wandte ich ein, »ich kann das nicht tun, das entspricht nicht meinem Charakter und außerdem, Vater, sitzen dort draußen neun bis zehntausend Menschen. Ich kann mich nicht einfach vor sie stellen und ihnen das erzählen.«

»Ich werde dir sagen, wenn es soweit ist«, antwortete er, »unternehme nichts, bevor ich es dich wissen lasse!«

Also saß ich nun einige Abende später, zusammen mit dem aus vierzig oder fünfzig Personen bestehenden Vorstand auf der Bühne. Bruder Hagin sprach, und der Heilige Geist regte sich in mir. Der Herr sagte: »Jetzt ist es soweit, ich will den Menschen neue Herzen geben.«

Ich sagte: »Jesus, Bruder Hagin redet gerade. Ich möchte ihn nicht unterbrechen.« Ich fügte hinzu: »Er kennt dich, Herr, rede zu ihm, und laß ihn mich rufen«.

Plötzlich, vielleicht sechzig Sekunden nachdem ich das dem Herrn gesagt hatte, drehte sich Bruder Hagin um und fragte: »Hat jemand etwas vom Herrn empfangen?«

»Ja, ich«, antwortete ich. Ich stellte mich vor die riesige Versammlung und erzählte, was der Herr mir aufgetragen hatte zu sagen. Und es ist alles passiert, genau, wie ich es in der Vision gesehen hatte.

Die zweite Vision

Am Ende der Woche empfing ich eine weitere Vision. Diese zweite Vision war sehr ungewöhnlich.

Während der Konferenz stand ich auf der Bühne, während Bruder Hagin für Kranke betete. Auf einmal drehte er sich um und sagte: »Bruder Norvel, komm hier hinunter und bete für die Versammlung.«

Also sprang ich vom Podium, ging an den Rand der Bühne und fing an für die Menschen, die nach vorne gekommen waren, zu beten. Ich begann dort, wo Bruder Hagin aufgehört hatte. Als ich am Ende der Schlange war, fielen drei oder vier Personen gleichzeitig flach auf den Boden und ich fiel auf sie. Ich fühlte mich, als wenn ich selbst von etwas geheilt würde. Dabei wußte ich nicht einmal, daß ich krank war.

Ich wollte aufstehen, konnte jedoch nicht. Meine Arme und Beine waren wie Gummi. Mein Verstand war völlig klar, aber mein Körper war nicht in der Lage, normal zu funktionieren.

»Helft mir hoch«, bat ich die Ordner. »Bringt mich zu den Kranken, so schnell wie möglich. Ich kann nicht aufstehen«. Sie kamen und hoben mich hoch und ich sagte zu ihnen: »Legt meine Hände auf die Kranken.«

Ich konnte meine Arme kaum bewegen; ich kann Ihnen sagen, die Kraft Gottes zu heilen war so mächtig in meinen Händen. Ich wußte, ich müßte nur jemanden berühren und die Krankheit würde weichen, so stark war die Kraft.

Nach einer Weile brachten die Ordner mich zurück in mein Hotelzimmer. Die zwei jungen Leute, die mich in mein Motel brachten, mußten mich durch die Lobby tragen. Meine Füße schleiften über den Boden und meine Arme hingen lose an meinem Körper herab. Sie hätten den Portier und die Leute in der Lobby sehen sollen! Ich weiß, was die gedacht haben: Junge, der ist voll! Ich meine, der hat es sich so richtig gut gehen lassen!« Und wirklich, ich war voll und ich hatte es mir gutgehen lassen! Doch Sie tun besser daran zu glauben, daß ich es mir mit dem Heiligen Geist habe gut gehen lassen!

Meine Füße verweigerten ihren Dienst, so daß die jungen Männer mich durch die Lobby ziehen mußten, hinein in den Fahrstuhl. Und von dort durch den Flur, bis in mein Zimmer.

»Zieht mich einfach 'rüber zum Stuhl, Jungs, ich werde dort für eine Weile sitzen, bis mein Gefühl zurückkehrt.«

Sie beugten sich also und ließen mich los. Während sie das taten, rief der eine von ihnen: »Ahhh!« und fiel vornüber ins Bett. Der andere benahm sich wie betrunken. Er mußte sich an der Wand festhalten, um nicht auf sein Gesicht zu fallen.

Nach einer Weile ging ich dann ins Bett. War das ein Nachtschlaf! Am nächsten Morgen wachte ich auf, die Augen aufgerissen und starrte geradeaus. Jede Faser meines Körpers schien eingeschlafen. Es war mir, als ob die ganze Welt in Zeitlupe verfallen wäre.

Alles war so ruhig und friedevoll und ich starrte einfach nur die Wand an. Plötzlich war die Wand verschwunden, und ich sah statt dessen einen Baum – einen Baum, voll mit Früchten. Ich weiß nicht, was für Früchte es waren, aber ich weiß, es waren gute Früchte.

Dann kam der Baum auf mich zu. Der Baum war weit weg, als ich ihn zuerst sah, so als ob er fernab auf einem Hügel stand. Doch dann begann er sich in meine Richtung zu bewegen. Als er näher war, konnte ich erkennen, daß alle Früchte abgefallen waren. Die Äste waren kahl, und die Früchte häuften sich am Stamm. Nachdem der Baum noch näher herangekommen war, konnte ich erkennen, daß er sich in das Bild meiner Person verwandelt hatte.

»Das bin ich«, schrie ich, »das bin ich!«

Ich sah hinab auf meine Füße, wo die Früchte lagen und ich sah, daß dort nicht Früchte lagen, sondern Geld. Ich stand in einem riesigen Haufen Geld.

Frucht war von mir gefallen und ich hatte eine Innenoffenbarung vom Herrn empfangen. Ich sah wie der Herr mir einen anderen Dienst gab:

»Nun, mein Sohn, ich möchte, daß du für den Leib Christi Frucht bringst. Du wirst Frucht bringen für »Rhema«. Ich habe es dir durch das Bild vom Universitätsgelände gezeigt, bevor es in irgendeiner Weise begann. Ich werde dich gebrauchen, damit du Frucht bringst und siehst, daß das Universitätsgelände genauso entsteht, wie du es in der Vision in Indiana gesehen hast. Du wirst jemand sein, der helfen wird, Frucht zu bringen. Ich werde es dich wissen lassen...«

Als die Wand zurückkam, saß ich auf meinem Bett und schüttelte meinen Kopf. Ich konnte kaum glauben, was ich gesehen hatte.

Doch der Punkt ist folgender: Sie können nicht in einer Traumwelt leben, mein Bruder, meine Schwester. Ich war hellwach, und ich sah eine Vision. Das ist der Punkt. Ich sah sie. Ich habe nicht geträumt, ich sah sie. Und ich wußte, es war von Gott. Es war die lieblichste und einfachste Vision der Welt.

Zwei Tage später war ich auf der Konferenz und die »Rhema-Singers« fingen an zu singen. Ich saß dort und machte mir meine eigenen Gedanken, als ich plötzlich den letzten Teil der Vision noch einmal empfing. Ich sah mich dort stehen, in einem Haufen von Geld und der Heilige Geist stand in mir auf und sagte: »Das ist es, jetzt ist es soweit, mein Sohn. Das wird deine erste Handlung in deinem neuen Dienst sein. Du wirst für mich Frucht bringen.«

»Ja, Herr«, sagte ich.

Nachdem das letzte Lied gesungen war, sprach der Heilige Geist zu mir: »Jetzt!« Also stand ich auf und gab folgendes bekannt: »Der Herr sagte zu mir, daß unsere ausländischen Missionare, die aus dreiundzwanzig verschiedenen Ländern gekommen sind, seine speziellen Gäste sind, und er möchte ihnen heute Abend Frucht bringen. Er möchte, daß alles, was heute Abend zusammenkommt, zu gleichen Teilen unter ihnen aufgeteilt wird. So möchte ich Sie bitten, zu kommen und ihre Frucht zu bringen. Bitte legen Sie das Geld um mich herum, zu meinen Füßen. Es ist alles für die ausländischen Missionare. Gott sagt, daß sie seine speziellen Gäste sind und Sie die Gastgeber sind. Man kocht ein besonderes Mahl, wenn man Gäste zu sich nach Hause einlädt. Gott sagt, daß diese Menschen genauso wie spezielle Gäste behandelt werden sollen. Was bedeutet das? Es heißt, geben Sie ihnen viel!«

Die Versammlung, die aus fünftausend Personen bestand, sprang auf und arbeitete sich nach vorne zur Bühne. Als alles vorüber war, hatten sie 38.000 US-Dollar zu meinen Füßen angehäuft! Und alles ging an die speziellen Gästen, die nach dem Willen des Herrn in besonderer Weise geehrt werden sollten.

Das ist der Dienst von Visionen. Sie und ich können alle möglichen verschiedenen Arten von Visionen empfangen, doch die, von denen ich erzählte, waren offene Visionen. Ich habe sie nicht empfangen, weil ich sie suchte, sondern weil ich einfach in meinem Geist offen für den Herrn war.

Sind Sie offen gegenüber dem Geist Gottes? Sind Sie bereit, Visionen vom Herrn zu empfangen?

Kapitel 3

Visionen haben mächtige Resultate

Eine von Gott gesandte Vision war mächtig genug, um tausende von Gemeinden auf der Erde zu gründen.

Apostelgeschichte 10,9-20
9 Am folgenden Tag aber, während jene reisten und sich der Stadt näherten, stieg Petrus um die sechste Stunde auf das Dach, um zu beten.
10 Er wurde aber hungrig und verlangte zu essen. Während sie ihm aber zubereiteten, kam eine Verzükkung über ihn.
11 Und er sieht den Himmel geöffnet und ein Gefäß, gleich einem großen, leinenen Tuch, herabkommen, an vier Zipfeln auf die Erde herabgelassen;
12 darin waren allerlei vierfüßige und kriechende Tiere der Erde und Vögel des Himmels.
13 Und eine Stimme erging an ihn: Steh auf, Petrus, schlachte und iß.
14 Petrus aber sprach: Keineswegs, Herr.
15 Und wieder erging eine Stimme zum zweiten Mal an ihn: Was Gott gereinigt hat, mache du nicht gemein.
16 Dies aber geschah dreimal; und das Gefäß wurde sogleich hinaufgenommen in den Himmel.
17 Als aber Petrus bei sich selbst in Verlegenheit war, was wohl diese Erscheinung bedeuten möchte, die er gesehen hatte, siehe, da standen die Männer, die von Kornelius gesandt waren und Simons Haus erfragt hatten, vor dem Tor;

18 und als sie gerufen hatten, fragten sie, ob Simon mit dem Beinamen Petrus dort herberge.
19 Während aber Petrus über die Erscheinung nachsann, sprach der Geist zu ihm: Siehe, drei Männer suchen dich.
20 Steh aber auf, geh hinab und zieh mit ihnen, ohne irgend zu zweifeln, weil ich sie gesandt habe.

Die von einer Person durch Gott in Abwesenheit oder Trance empfangene Vision ist in ihrer Bedeutung an zweiter Stelle zu bewerten. Dabei sind die natürlichen Sinne der Person abwesend.

Der Betreffende kann dabei total oder halb abwesend sein. Bei einer totalen Abwesenheit ist die Person irgendwo im Himmel und ist sich der Erde überhaupt nicht mehr bewußt. Im Falle der Semi-Trance oder halber Abwesenheit weiß der Betreffende halbwegs, wo er sich befindet und was er tut. Es ist so, als wäre er mit einem Bein in der geistlichen Welt und mit dem anderen Bein auf der Erde. Ein Teil von ihm ist im Bereich des Geistlichen und ein Teil von ihm ist hier.

Falls Ihnen das einmal passieren sollte, wird diese Welt für Sie keine Bedeutung haben. Ihre Wahrnehmung wird im geistlichen Bereich sein und Gott wird Ihnen dann ein Bild zeigen. Das ist die in ihrer Bedeutung an zweiter Stelle zu bewertende Vision.

Eine Vision in Abwesenheit – die Vorbereitung für Petrus, die Heiden zu erreichen

Im zehnten Kapitel der Apostelgeschichte können wir lesen, wie Petrus eine Vision in Abwesenheit empfing. Warum empfing Petrus diese Vision? Gott gab ihm diese Vision, um ihn auf eine wichtige Berufung vorzubereiten: den Heiden das Evangelium zu bringen. Paulus hatte einen großen Auftrag vom Herrn empfangen und Petrus ebenfalls. Er empfing eine Vision. Ohne diese Vision wären die Heiden heute vielleicht nicht Teil der Gemeinde Jesu Christi.

In dieser Vision änderte der Herr Petrus' traditionelle Denkweise in Bezug auf die jüdischen Gesetze über das Essen und seine Angst, mit Heiden Gemeinschaft zu haben. Allein schon die gedankliche Verbindung mit Heiden reichte in jenen Tagen aus, um als Jude getötet zu werden. Die Juden hatten alle mosaischen Gesetze zu beachten, insbesondere die Gesetze über die Nahrung. Bei all dem, was Petrus tun mußte, um seiner Berufung nachzukommen, wäre es sehr schwer gewesen, diese Gesetze einzuhalten. Der Herr zeigte Petrus, daß es möglich war, jedes Essen rein zu machen. Das gab Petrus die Freiheit und die Richtungsweisung, die er brauchte, um den Heiden das Evangelium zu predigen. Es diente auch dazu, ihm zu zeigen, daß Gott nicht die Person ansieht und niemand – auch kein Heide – jenseits der Liebe und Gnade Gottes sein kann.

In einem gewissen Sinne verdankt also jede christliche Gemeinde in der westlichen Welt ihre Existenz der Tatsache, daß Petrus eine Vision von Gott empfing, sie gewissenhaft annahm und ihr gehorchte.

»Ich dachte, das alles ist passiert, weil Jesus am Kreuz starb.« Gut, daß war der eigentliche Grund für alles, doch daß Jesus am Kreuz starb, ist noch kein Zeichen dafür, daß Ihr Cousin errettet wird. Jemand muß hingehen und Ihrem Cousin erzählen, daß Jesus ihn liebt.

»Nun, Gott kann es ihm sagen.« Nein, Gott errettet die Menschen nicht auf diese Weise.

»Aber, ich weiß, daß Gott es ihm sagen könnte.« Ja, Gott *könnte* es ihm sagen. Aber er wird es nicht tun, weil dies nicht der übliche Weg ist, wie er handelt.

»Er könnte einen Engel senden...« Nein, Gott rettet keine Menschen durch den Dienst der Engel. Er rettet Menschen durch Worte, die aus dem Mund von Männern und Frauen kommen.

Das ist der Weg, wie Gott Menschen errettet, durch menschliche Worte. Sie und ich reden. Petrus hörte, glaubte, bekannte und errettete (Römer 10,8-17). Der Herr heilt Menschen auf die gleiche Weise. Er verbreitet sein Wort durch die Worte von Lehrern und Menschen, die ein Amt in der Gemeinde haben.

Im elften Kapitel der Apostelgeschichte lesen wir, wie ein Engel in das Haus eines römischen Hauptmanns namens Kornelius kam und ihm einen Auftrag gab. Der Engel sagte Kornelius, er solle einige Männer nach Joppe senden, die nach

Petrus fragen sollten. Er sagte, daß Petrus kommen würde und Kornelius Worte sagen würde, durch die er und sein Haus gerettet würden (Apostelgeschichte 11,11-14).

»Nun, warum hat der Engel Kornelius nicht erzählt, wie man errettet wird, so daß man sich das ganze Reisen und die ganzen Schwierigkeiten erspart hätte?«

Weil Gott sich festgelegt hat, daß Menschen nicht durch Engel, sondern durch das Zeugnis von Menschen errettet werden (1. Korinther 1,21).

Vielleicht passiert es, daß Sie sich an einem Ort aufhalten, in deren Nähe unerrettete Menschen sind. Dann könnte der Herr einem von diesen Menschen eine Vision geben und einen Engel senden, der sagt, daß sie nach Ihnen rufen sollen, so daß Sie kommen und dort das Evangelium predigen. Genauso, wie er es bei Petrus und Kornelius getan hat.

Gott hat große Aufträge, die Sie in Ihrem Leben ausführen sollen, wenn Sie empfänglich genug sind, sie zu empfangen und stark genug sind, ihnen zu gehorchen. Gott kann Ihnen einen Auftrag geben, einem anderen eine Freude zu bereiten oder jemanden aus der Finsternis herauszuholen, hinein in sein herrliches Licht. Voraussetzung ist jedoch, daß Sie für die Bewegung des Heiligen Geistes aufnahmebereit sind, denn falls Sie es nicht sind, wie soll Gott Ihnen dann Aufträge erteilen?

Erwarten Sie nicht, daß der Herr Ihnen Aufträge erteilt, wenn Sie an jedem Montag Ihre Depression haben. Warum sollte Sie der Herr zu einer armen Seele senden, ihr zu dienen, wenn Sie in einer solchen Verfassung sind. Sie könnten ihr ja doch nur Ihre Montagsdepression weitergeben. Sie müssen sich in Form halten, damit Sie an jeden Ort gehen können, wo der Herr Sie hinsenden möchte. Mit Sieg in Ihrem Verstand, Sieg auf Ihren Lippen und Sieg in Ihrem Geist. Keine Niederlage! Gott kennt keine Tage mit Niederlagen, bei ihm ist jeder Tag gut.

Eine mächtige Botschaft von Gott

Durch eine Vision sandte Gott selbst Petrus zum Haus des Kornelius.

»Warum gab Gott Petrus nicht einfach einen inneren Eindruck, zum Haus des Kornelius zu gehen?« Aus dem gleichen Grund, warum auch Sie und ich manchmal etwas brauchen, das stärker als ein innerer Eindruck ist. Als guter Jude hätte Petrus sich wahrscheinlich nicht getraut, nur aufgrund einer inneren Führung in eine andere Stadt, in das Haus eines Heiden zu gehen. Petrus brauchte eine Vision, weil er zu einer ernsten Angelegenheit berufen war. In jenen Tagen war es gefährlich, für einen Juden, in das Haus eines Heiden zu gehen. Er hätte sein Leben verlieren können. In der Tat war es so, daß allein das Reden mit einem Heiden automatisch mit neununddreißig Peitschenschlägen bestraft wurde.

Eine heidnische Familie zu besuchen, in ihr Haus zu gehen und sich mit ihnen hinzusetzen, um Gemeinschaft zu haben und zu essen, daß konnte für einen Juden den Tod bedeuten. Petrus mußte wissen, daß dieser Auftrag von Gott war, bevor er sich aufmachte, zu einer anderen Stadt zu reisen und sein Leben zu riskieren, weil er bei einer heidnischen Familie einkehrte. Deshalb gab Gott ihm eine Vision. Gott wußte, daß dieser Besuch im Hause des Kornelius nötig war, damit Sie und ich gerettet werden könnten.

Um zu zeigen, wie ernst die Situation war, beachten Sie bitte, wie einige der frommen Juden reagierten, als sie hörten, was Petrus getan hatte.

> Apostelgeschichte 11,1-3
> 1 Die Apostel aber und die Brüder, die in Judäa waren, hörten, daß auch die Nationen das Wort Gottes angenommen hatten;
> 2 und als Petrus nach Jerusalem hinaufkam, stritten die aus der Beschneidung mit ihm
> 3 und sagten: Du bist bei unbeschnittenen Männern eingekehrt und hast mit ihnen gegessen.

Mit anderen Worten sagten sie zu Petrus: »Wir lieben dich und wissen, daß du mit Gott gehst, aber warum hast du das getan? Wir können dein Verhalten nicht akzeptieren.«

Petrus' Vision war vollkommen

Apostelgeschichte 11,4-11
4 Petrus aber fing an und setzte es ihnen der Reihe nach auseinander und sprach:
5 Ich war in der Stadt Joppe im Gebet, und ich sah in einer Verzückung eine Erscheinung, wie ein Gefäß herabkam, gleich einem großen leinenen Tuch, an vier Zipfeln herabgelassen aus dem Himmel; und es kam bis zu mir.
6 Und als ich gespannt hineinschaute, bemerkte und sah ich die vierfüßigen Tiere der Erde und die wilden Tiere und die kriechenden und die Vögel des Himmels.
7 Ich hörte aber auch eine Stimme, die zu mir sagte: Steh auf, Petrus, schlachte und iß!
8 Ich sprach aber: Keineswegs, Herr!
9 Eine Stimme aber antwortete zum zweiten Mal aus dem Himmel: Was Gott gereinigt hat, mach du nicht gemein!
10 Dies aber geschah dreimal; und alles wurde wieder hinaufgezogen in den Himmel.
11 Und siehe, sogleich standen vor dem Haus, in dem ich war, drei Männer, die von Cäsarea zu mir gesandt waren.

In dieser besonderen Situation sah Petrus ein Bild, ein seltsames Bild, und er hörte eine Stimme. Eine Stimme zu hören, ist nicht Teil jeder Vision, aber in dieser Vision hörte und sah Petrus.

Beachten Sie, was er sah. Er sah keine Menschen. Er sah Tiere, Vögel des Himmels und Kriechendes. Aber diese Dinge hatten eine Bedeutung. Dadurch offenbarte Gott Petrus eine lebenswichtige Botschaft über die Menschen und seine Liebe für sie.

Das Bild, das Petrus sah, war vollkommen. Beachten Sie Vers 10 in diesem Abschnitt. Wie oft wurde diese Vision wiederholt? Dreimal. Und wieviele Männer wurden nach Joppe gesandt, um Petrus zu holen? Drei.

Ich bitte Sie nun aufmerksam zu lesen, was ich hier erkläre, es wird dazu beitragen, Ihr gesamtes Leben als Christ zu verändern. Wenn Sie ein ausgiebiges, fleißiges Bibelstudium machen würden, könnten sie erkennen, daß die Zahl drei als Zeichen für das Vollkommene gebraucht wird.

Das heißt, die Vision des Petrus war vollkommen. Gott zeigte sie ihm dreimal. Drei Männer kamen vom Haus des Kornelius, um Petrus zu holen, damit er ihnen von Jesus erzählte – drei vollkommene Männer für eine vollkommene Aufgabe. Beachten Sie Petrus' Verteidigung für sein Handeln.

> Apostelgeschichte 11,12-14
> 12 Der Geist aber sagte mir, ich solle ohne Bedenken mit ihnen gehen. Es kamen aber auch diese sechs Brüder mit mir, und wir kehrten in das Haus des Mannes ein.
> 13 Und er erzählte uns, wie er den Engel in seinem Haus habe stehen sehen und sagen: Sende nach Joppe und laß Simon mit dem Beinamen Petrus holen;
> 14 der wird Worte zu dir reden, durch die du errettet werden wirst, du und dein ganzes Haus.

Petrus sagt hier in Vers 11: »...diese sechs Brüder begleiteten mich.« Sechs Brüder und Petrus macht sieben. Sieben ist eine geistliche Zahl. Bruder, wenn Sie eine Arbeit in der Mission bekommen, sind Sie auf einer geistlichen Reise! Dann fährt Petrus fort, seine Geschichte zu Ende zu erzählen.

> Apostelgeschichte 11,15-17
> 15 Während ich aber zu reden begann, fiel der Heilige Geist auf sie, so wie auch auf uns im Anfang.
> 16 Ich gedachte aber an das Wort des Herrn, wie er sagte: Johannes taufte zwar mit Wasser, ihr aber werdet mit Heiligem Geist getauft werden.
> 17 Wenn nun Gott ihnen die gleiche Gabe gegeben hat wie auch uns, die wir an den Herrn Jesus Christus geglaubt haben, wer war ich, daß ich hätte Gott wehren können?

Petrus gab den Juden folgendes zur Antwort: »Der Geist des Herrn befahl mir mit diesen Männern zu gehen. Ich weiß, daß ich ein Jude bin und nicht in das Haus eines Heiden gehen sollte, doch ich empfing eine Vision vom Himmel. Diese wurde mir dreimal gezeigt, ich sah sie dreimal, ich bezeuge es. Ich hörte eine Stimme, die mir sagte, daß unten drei Männer wären und daß ich mit ihnen gehen sollte. Also gingen sieben von uns in das Haus des Kornelius. Als ich begann, zu ihnen über Jesus zu reden, fiel der Heilige Geist auf sie, auf alle. Sie empfingen die Gabe, in anderen Sprachen zu sprechen, wie der Geist ihnen auszusprechen gab. Also was sollte ich tun? Ich konnte dem Herrn nicht Ungehorsam sein, so taufte ich sie mit Wasser.«

Das genau war passiert und alles begann mit Petrus' Vision, die er in einer Trance empfing. Wie reagierten die Juden als sie Petrus' Zeugnis gehört hatten?

> Apostelgeschichte 11,18
> 18 Als sie aber dies gehört hatten, beruhigten sie sich und verherrlichten Gott und sagten: Dann hat Gott also auch den Nationen die Buße gegeben zum Leben.

Zum guten Schluß haben also die jüdischen Gläubigen den Herrn verherrlicht, weil der Herr eine vollkommene Vision gebraucht hatte, um den Heiden sein herrliches Evangelium der Errettung zu senden.

Menschen machen Gott kompliziert

Es gibt verschiedene Stufen von Trance. Wenn Sie eine starke »Trance-Vision« vom Herrn empfangen, werden Sie so abwesend sein, daß Sie nicht einmal mehr wissen, wo Sie sich gerade befinden. Sie werden nicht einmal mehr mitbekommen, daß Sie noch auf der Welt sind – und in einem gewissen Sinne sind Sie es auch nicht. Jeder Teil von Ihnen, außer Ihrem Körper, wird in einem anderen Bereich sein.

Daneben gibt es noch etwas, das ich eine »Semi-Trance« nenne. In diesem Zustand ist es, als ob sie an der Schwelle von zwei Welten stehen. Sie stehen mit einem Bein in dieser Welt und mit dem anderen in der geistlichen Welt. Mit anderen Worten, Sie wissen, wo Sie sind und Sie wissen auch, was Gott Ihnen in der geistlichen Welt zeigt. Sie sind mehr abwesend dort, als Sie hier sind. Doch Sie sind nie so sehr abwesend, daß Sie nicht mehr wüßten, was um Sie herum geschieht. Ich war einige Male in meinem Leben in einer solchen Situation.

Normalerweise redet Gott nicht mit einer hörbaren Stimme zu einem Menschen. Doch eines Tages kam Gott zu mir, während ich in »Trance« war. Es war nachdem ich gerade eine Radiosendung in der Gemeinde gemacht hatte. Ich befand mich im Gemeindesaal, und der Herr ließ mich für fünfundvierzig Minuten in diesem Zustand. Hätte der Herr mich, die Male, in denen er an mir gehandelt hat, nicht in eine Abwesenheit versetzt, so wäre ich, glaube ich, kaum in der Lage gewesen, es auszuhalten.

In dieser besagten Vision sagte mir der Herr, was das Problem mit den meisten Menschen ist. Es ist wirklich sehr einfach: »Sie machen mich kompliziert.« Das war eine Offenbarung für mich, und das sollte es auch für Sie sein. »Sie machen mich kompliziert« sagte er, »und alles was ich von ihnen will, ist daß sie sich lieben lassen«.

Es ist Gottes Wunsch, daß jeder Mensch in der Welt bereit ist, sich von ihm lieben zu lassen. Darüber hinaus möchte er den Menschen seine Liebe zeigen können. Diese Dinge zeigte mir der Herr.

»Wenn Gott mich liebt, so kann er es mir ja zeigen, wenn er es möchte«.

Nein, er kann es nicht. Er hat es bereits am Kreuz gezeigt, daß er Sie liebt. Nun müssen Sie es zulassen, daß er Sie lieben kann und Ihnen zeigen kann, wie er Sie durch die Schrift liebt.

Natürlich, wenn Sie keine Ahnung haben, was in der Schrift steht, kann er Ihnen nicht zeigen, daß er Sie in allen Bereichen Ihres Lebens liebt, zum Beispiel auch, was den Bereich Heilung betrifft.

Im Allgemeinen wissen Sie, daß Gott Sie liebt, aber er möchte Ihnen seine Liebe in jedem Bereich Ihres Lebens zeigen. Doch damit er es tun kann, müssen Sie wissen, was er in seinem Wort darüber sagt.

Zu dem Zeitpunkt, da Sie und ich durch den Geist Gottes errettet und von neuem geboren wurden, haben wir überfließendes Leben ererbt. Das bedeutet, daß alles, was wir jemals brauchen, wünschen oder begehren, bereits für uns vorliegt. Jede Not, jeder Wunsch, jedes Begehren. Nun ist es an uns, sich all das durch den Glauben anzueignen. Um Glauben dafür zu haben, daß unserer Not begegnet wird und unsere Wünsche und unser Verlangen erfüllt werden, müssen wir jedoch wissen, daß es Gottes Wille ist, daß wir diese Dinge empfangen. Dieses Wissen kommt aus der Schrift. Deshalb sage ich, daß wir es Gott durch das Studium der Bibel erlauben, uns seine Liebe zu zeigen.

Der Herr gebrauchte eine »Trance-Vision«, um mir das zu offenbaren, und er möchte Ihnen durch Visionen kraftvolle Botschaften offenbaren, wenn Sie bereit sind, etwas darüber zu lernen und sie zu empfangen.

Kapitel 4

Wie man Visionen erkennt und von ihnen lernt

Apostelgeschichte 18,5-6.9-10
5 Als aber sowohl Silas als Timotheus aus Mazedonien herabkamen, wurde Paulus durch das Wort gedrängt und bezeugte den Juden, daß Jesus der Christus sei.
6 Als sie aber widerstrebten und lästerten, schüttelte er die Kleider aus und sprach zu ihnen: Euer Blut komme auf euren Kopf! Ich bin rein; von jetzt an werde ich zu den Nationen gehen.
9 Der Herr aber sprach durch eine Erscheinung in der Nacht zu Paulus: Fürchte dich nicht, sondern rede, und schweige nicht!
10 Denn ich bin mit dir, und niemand soll dich angreifen, dir Böses zu tun; denn ich habe ein großes Volk in dieser Stadt.

Der Herr sprach zu Paulus während der Nacht durch eine Vision. Er sagte dem Apostel, was er in der schwierigen Situation, die ihm bevorstand, tun sollte.

Es war gefährlich für Paulus, die Juden zu verlassen und zu den Nationen zu gehen. Es kann einem Angst und Bange werden, wenn man gegen die Wünsche eines Volkes angeht, das einen auspeitschen oder sogar töten könnte, nur weil man sich mit Außenseitern abgibt. Aber Paulus wußte, daß es Gottes Wille war, den Nationen das Evangelium zu verkündigen; also ging er los und tat es trotzdem – obwohl es gefährlich war.

Paulus hatte offenbar Furcht, denn in der Nacht hatte der Herr durch eine Vision zu ihm gesagt: »Fürchte dich nicht!« (Apostelgeschichte 19,9.) Das ist der richtige Satz, um jemanden von Furcht zu befreien. Paulus empfing also durch die nächtliche Vision Mut.

> Apostelgeschichte 18,11
> Und er hielt sich ein Jahr und sechs Monate auf und lehrte unter ihnen das Wort Gottes.

Paulus sollte die Wahrheit zu den Nationen bringen, deshalb sandte Gott ihm eine Vision, die ihm zeigen sollte, was er tun sollte, und die ihm den Mut und die Kraft gab, es auch auszuführen.

Denken Sie immer daran – besonders wenn Sie im geistlichen Dienst stehen: Haben Sie keine Furcht vor Menschen und ihren Reaktionen. Wenn Sie an einen Ort kommen, um zu sprechen oder zu dienen, machen Sie sich keine Sorgen darüber, wer Ihre Botschaft annimmt oder ablehnt. Früher habe ich mir darüber Sorgen gemacht – bis der Herr mich davon befreite. Ich kann Leute doch nicht dazu bringen, irgend etwas zu glauben. Ich kann Sie nicht einmal dazu bringen, an Visionen zu glauben oder daran, daß Visionen wichtig sind. Deshalb habe ich diese Schriftstellen angeführt, damit Sie sehen, daß Visionen biblisch sind und daß der Herr durch sie zu seinen Kindern spricht, um ihnen Weisheit, Mut, Verständnis, Führung, Trost, Kraft und Stärke zu geben.

Gott spricht durch nächtliche Visionen

Die Art von Vision, durch die der Herr am häufigsten zu seinem Volk spricht, ist die Vision in der Nacht (vgl. Apostelgeschichte 16,9 und 18,9). Sie und ich, wir nennen das Träume. Aber der Herr nennt das nächtliche Visionen. Egal wie man diese Art von Vision nennt, der Herr kommt jedenfalls in der Nacht zu einer Person und zeigt ihr eine bestimmte Szene, während sie schläft.

Wenn Sie, wie Paulus, als er auf dem Weg nach Damaskus war, eine Vision am hellichten Tage empfingen, würden Sie wissen, daß sie von Gott war. Aber in dieser Weise kann der Herr an den meisten Menschen nicht handeln. Sein üblicher Weg ist, ihnen eine nächtliche Vision zu geben.

Nehmen wir einmal an, Sie empfangen eine nächtliche Vision. Wenn Sie aufwachen, müssen Sie die Szene beurteilen. Sie müssen sich entscheiden, darauf einzugehen, oder auch nicht. Wenn Sie etwas Schreckliches gesehen haben – einen Mord, einen Autounfall, eine Explosion, einen Raubüberfall oder etwas ähnlich Furchtbares – dann müssen Sie offen dafür sein, daß es Gottes Weg sein könnte, Sie vor dem zu warnen, was Satan vorhat. Man kann unterscheiden, ob eine Vision von Gott oder vom Teufel ist.

Später werden wir uns damit beschäftigen, wie man durch Gebet verhindern kann, daß diese destruktiven Ereignisse, die Gott ihnen offenbart hat, geschehen. Nicht nur, wie man diese Ereignisse ein klein wenig abmildert, sondern wie sie völlig verändert werden. Aber im Moment geht es mir darum, daß Sie verstehen, daß Gott Ihnen Satans Werke in einer nächtlichen Vision zeigen kann, damit Sie etwas dagegen unternehmen können.

»Bleib auf den Inseln und diene!«

Vor einiger Zeit war ich in Honolulu und sah mich selbst in einer nächtlichen Vision. Das veränderte meine gesamten Pläne für meinen dortigen Aufenthalt, und Gott konnte mächtig im Leben vieler Menschen wirken. Gott gebrauchte eine einzige nächtliche Vision, um meinen Weg umzuleiten und anderen Menschen in Not zu dienen.

Auf dieser Reise hatte ich meine Tochter Zona bei mir. Wir hatten beschlossen, etwas Urlaub zu machen und einige fremde Länder zu besichtigen. Unser erster Halt war Honolulu, wo ich als Sprecher bei der Full Gospel Ministry Convention vorgesehen war.

Schon einen Monat zuvor sprach Zona nur noch von dieser Reise. »Papi, wir verlassen Honolulu am Sonntag. Dann gehen wir zuerst nach Tokyo. In der Schule habe ich mich viel mit Japan beschäftigt, und das war total spannend. Ich will unbedingt nach Tokyo.«

»Ist gut«, versprach ich ihr, »wenn du willst fahren wir als nächstes dahin. Nach Tokyo sehen wir weiter, wohin wir dann wollen. Wir werden immer nur die Tickets bis zur nächsten Stadt kaufen.«

Zona hatte sich schon fest darauf eingerichtet, am Sonntag, gleich nach der Versammlung, von Honolulu nach Tokyo weiterzureisen. Danach hatten wir noch zwei Wochen, um uns Rom oder Hongkong anzusehen – wo auch immer sie gerne hinwollte.

»Diese Reise ist für dich«, sagte ich ihr. »Du hast drei Wochen frei. Mir ist es ganz gleich, wohin wir fahren.«

Als wir nach Honolulu kamen, sollte ich am Donnerstag bei einem Mittagsbankett sprechen. Mittwoch nacht – in der Nacht vor dem Bankett – empfing ich eine nächtliche Vision. Ich sah mich selbst in der Vision, und die ganze Nacht hörte ich eine Stimme. Die Stimme sprach die ganze Zeit zu mir: »Bleib auf den Inseln und diene... bleib auf den Inseln und diene... bleib auf den Inseln und diene..?«

Als ich am nächsten Morgen aufwachte, sah ich, daß Zona im Bett neben mir noch schlief. Ich richtete mich auf und setzte die Füße auf den Fußboden. Leise begann ich zu beten: »Herr, ich kenne überhaupt keinen auf der Insel, aber ich spüre in meinem Geist, daß ich hierbleiben und dienen soll.«

Ich übergab die ganze Angelegenheit dem Herrn. Sein Wille sollte geschehen. Wenn ich bete, sage ich Gott, daß ich für ihn verfügbar bin. Das schließt ein, daß ich sowohl dazu bereit bin, zurückgepfiffen zu werden, als auch dazu, vorwärtszugehen. Ich bin in der Weise verfügbar, daß Gott meine Pläne ändern kann. Ich habe keine festgelegte Routine oder ein bestimmtes Handlungsmuster.

»Ich will Dir nur sagen, Herr, daß ich verfügbar bin«, betete ich. Und wenn Sie das zu Gott sagen – und es so meinen – wird er Sie beim Wort nehmen.

Nehmen wir einmal an, der Herr trägt Ihnen irgend etwas auf, zu dem Sie gar keine Lust haben. Sie wollen vielleicht viel lieber Ihre eigene Sache machen. Was sollten Sie in so einem Falle tun? Dem gehorchen, was Gott Ihnen gegeben hat! Was hatte Gott mir in dieser Vision gegeben? Er hatte mir einen Auftrag gegeben: »Bleib auf den Inseln und diene.«

»O Gott, hilf meiner Tochter!« betete ich ernstlich. Ich saß am Rand des Bettes und sprach mit Gott über die Situation. »Herr, ich kenne doch Visionen. Ich weiß, was es damit auf sich hat. Und ich weiß, was ich empfangen habe. Ich habe eine nächtliche Vision von Dir empfangen. Ich weiß auch, der Teufel würde mir nicht sagen, daß ich auf der Insel bleiben und dienen soll. Du weißt, daß ich meine Tochter mit auf dieser Reise habe. Aber ich versteh' schon. Die Reise hat keinen Sinn, wenn ich nicht in Deinem Willen bin.«

Wenn Gott Ihnen etwas aufträgt, dann tun Sie lieber, was er sagt, anstatt irgendwohin Sightseeing zu gehen. Nur das hatten wir nämlich vor: zu verschiedenen Städten zu fahren und uns etwas umzugucken.

»Herr du weißt, Zona hat sich so auf Tokyo gefreut«, betete ich. »Ich bin willig, alles zu tun, was Du mir sagst, und ich werde auf der Insel bleiben, solange es Dir gefällt. Ich will nur ganz ehrlich mit Dir sein, Herr. Ich bleibe, wenn Du willst. Aber von mir aus würde ich lieber nicht bleiben. Wenn Du die Wahrheit wissen willst, ich bring es nicht fertig, Zona zu sagen, daß wir nicht nach Tokyo fahren. Sie hat jetzt drei Wochen Urlaub, und ich hab nicht den Mut, mein Versprechen ihr gegenüber zu brechen.

Herr, ich liebe Dich, und ich weiß, daß Du mir eine nächtliche Vision gegeben hast. Du hast mir genau gesagt, was ich tun soll. Ich werfe all meine Sorgen wegen Zona auf Dich. Herr, bitte tu mir einen Gefallen, sag Du es ihr.«

Ich nahm die Antwort auf mein Gebet im Glauben an – in dem Namen Jesu. Dann stand ich auf und ging an mein Tageswerk.

Gott handelt durch Menschen, die verfügbar sind

Donnerstag mittag beim Bankett kam Dekan Kerry zu mir und sagte: »Norvel, ich weiß, daß die Leute hier darauf warten, daß Sie das Wort Gottes lehren; ich werde also nur etwa zehn Minuten sprechen, und dann übergebe ich Ihnen die Versammlung.« Dekan Kerry tat, was er versprochen hatte. Er sprach nur etwa zehn oder fünfzehn Minuten und übergab mir die Versammlung. Ich stand auf und begann zu sprechen, als jemand anfing, stark und kraftvoll, in Sprachen zu reden.

Neben mir saß der Bibellehrer Charles Capps. Ich sagte zu ihm: »Charles, steh auf!« Charles stand auf, und sofort gab ihm der Heilige Geist die Auslegung der Sprachenrede: »Ja, mein Sohn, es ist mein vollkommener Wille für Dich, hier zu bleiben und zu dienen; und du wirst auf den Inseln dienen, auf einer nach der anderen.«

Charles sagte mir, daß große Dinge geschehen würden. Während er sprach, sah ich hinüber zu meiner Tochter. Nach dem Gottesdienst sagte Zona: »Es ist schon okay. Mir gefällt es hier, und ich will, daß du bleibst. Ich bleibe bei dir, Papi.«

Ich sagte: »Danke, Jesus!«

Ungefähr zur gleichen Zeit sahen wir den Pastor der First-Assembly-of-God-Gemeinde. Er kam auf mich zu und sagte: »Bruder Hayes, als ich hier in der Versammlung saß, hat Gott zu mir gesprochen, daß ich Sie in meine Gemeinde einladen soll. Am Sonntag können Sie Ihren Dienst dort beginnen und so lange bleiben, wie Sie wollen. Das Wort wird sich von meiner Gemeinde in Honolulu durch ganz Hawaii ausbreiten, Türen werden sich öffnen, und Gott wird Sie über die ganzen Inseln führen.«

»In Ordnung, Bruder«, sagte ich, »ich werden in Ihre Gemeinde kommen.«

Am Sonntag sprach ich also in dieser Gemeinde, zweimal am Vormittag, außerdem noch am Nachmittag und am Abend. Am nächsten Tag bekam ich einen Anruf von einer Universitätsstudentin, die, zusammen mit ihrer Schwester, unter schwerem Angriff des Teufels war. Die Anruferin sagte: »Meine Schwester ist fast tot. Sie wird nicht mehr lange leben. In ein paar Tagen wird sie gestorben sein. Ich bin auch schon halb tot. Würden Sie uns bitte helfen?«

»Was fehlt Euch beiden denn?« fragte ich. »Es geht schon zwei Jahre, wir sterben Stück für Stück ab. Ich bin eine Studentin an der Universität von Hawaii. Einer meiner Professoren hat sich mir aufdringlich genähert, aber ich habe ihn zurückgewiesen. Als er es noch einmal versuchte, habe ich es dem Rektor berichtet. Der Rektor hat ihn zu sich ins Büro bestellt und ihn zurechtgewiesen. Mein Professor wurde wütend, weil ich es dem Rektor berichtet hatte. Der Mann ist ein

Hexendoktor und hat einen Fluch auf mich und meine Schwester gelegt. Daraufhin geschahen uns alle möglichen übernatürlichen, schrecklichen Dinge. Wir wissen nicht, was wir tun sollen. Meine Schwester ist hypnotisiert, völlig durcheinander. Jetzt ist sie fast tot, und mir geht es auch schlecht. Ich weiß, Sie sind der einzige, der uns helfen kann.«

»Ihr habt den richtigen Mann angerufen«, sagte ich ihr. »Morgen werde ich zum Mittagessen bei der Full-Gospel-Ministry-Gemeinde sein. Dort können wir uns treffen. Bringe deine Schwester mit, und nach dem Essen werde ich für euch beten.«

Nachdem die Mittagsversammlung vorbei war, traf ich die beiden jungen Damen. Wir setzten uns draußen an einen Tisch und beteten.

»Hört mal zu, Mädchen, ihr müßt erstmal verstehen, daß ich mich nicht auf den Teufel oder seine Dämonen einlassen werde.«

»Aber die ganze Zeit kommen diese Schlangen in uns hinein!« weinten sie. »Sie kriechen in uns hinein und zerstören unsere Körper mit Schmerzen. Und wenn diese Schlangen wieder rausgegangen sind, ist unser Verstand völlig durcheinander.«

»Ich werde für euch beten«, sagte ich. »Und wenn ich für euch gebetet habe, wird Euch niemals wieder eine Schlange erscheinen. Nicht eine einzige.«

»Ich lasse mich nicht auf Hexendoktoren ein«, sagte ich ihnen. »Und auch ihr werdet nie wieder vor diesem Hexendoktor Angst haben. Ich werde die Macht des Teufels über euch binden, und ihr werdet diese Schlangen verleugnen. Wir werden diesen Spuk jetzt gleich beenden, in dem Namen Jesu.«

Dann begann ich für die eine Schwester zu beten, in dem Namen des Herrn Jesus Christus. Ich wollte eigentlich für beide beten, aber der Geist Gottes kam auf die eine von beiden, und sie fing an zu weinen und zu schluchzen. Nach ungefähr fünf Minuten, fing sie an, sich zu freuen.

Ich brach die Macht des Teufels über der ersten Schwester. Dann sagte ich ihr: »Jetzt betest du für sie.« Ich sagte ihr, was sie tun müsse, und dann beteten wir zusammen für ihre Schwester. Ich befahl den bösen Dingen, aus ihr herauszukommen, im Namen Jesu. Ich sagte dem Teufel: »Niemals mehr sollst du diesen Mädchen als Schlangen erscheinen! Ich binde dich im Namen Jesu.« Dann diente ich ihnen mit Heilung und Tröstung.

Nach dieser Erfahrung begann ich zu verstehen, warum ich diese nächtliche Vision empfangen hatte. In Hawaii gibt es jetzt zwei Mädchen, deren Leben aufgrund einer nächtlichen Vision gerettet wurden.

»Freilassung auszurufen den Gefangenen«

Es gab noch weitere Menschen, denen geholfen wurde. Im Laufe der Woche nahmen mich noch andere Personen bei der Hand und sagten: »Bruder Hayes, könnten Sie für mich beten? Seit über sechzig Jahren erscheinen mir Schlangen. Könnten Sie mir helfen?«

»Sie werden das nie wieder mit ihnen machen«, versicherte ich ihnen. Ich lehrte sie, wie man in Jesu Namen den Teufel bindet und dafür sorgt, daß diese Dinge verschwinden.

Dann, gegen Ende der zweiten Woche, beauftragte mich der Herr, ins Gefängnis zu gehen. Ich sollte den Gefangenen davon erzählen, wie es war, als ich das erste Mal in einem Gefängnis war, und wie der Herr das taube Ohr eines Mannes geöffnet hatte. Ich gab ihnen das folgende Zeugnis:

Ich war ins Gefängnis von Lewisburg gegangen, um einem Gefangenen seelsorgerlich zu dienen. Als ich dort war, sprach ich auch zu den übrigen Insassen. Ich ging in einen großen Raum, setzte mich auf einen Stuhl, und die Gefangenen versammelten sich um mich. Der Aufseher gab mir 45 Minuten für Fragen und Antworten. Ich war etwa zweiundfünfzig oder dreiundfünfzig Minuten dort. Meine Zeit war so gut wie vorbei. Plötzlich rief ein Mann, der wegen Raubüberfalls verurteilt war: »Sie reden so, als ob Gott etwas tun wollte!«

»Genau das glaube ich«, versicherte ich ihm, »wenn Sie ihm nur vertrauen.« Wenn man in Universitäten oder in Gefängnissen dient, sollte man Gott wirklich kennen. Und man sollte wissen, wovon man redet. Sonst werden einem die Studenten oder die Häftlinge das Fell über die Ohren ziehen.

»Kann der Jesus, den Sie kennen, mein Ohr öffnen?«, fragte der Mann.

»Wollen Sie, daß er das für Sie tut?«

»Ja!« sagte er und stand auf. Ich betete und befahl: »Du böser, tauber Geist, komm aus ihm heraus, in dem Namen Jesu!«

Der Mann fiel hin, als hätte man ihm mit dem Hammer auf den Hinterkopf geschlagen. Während er fiel, griff ich nach ihm, fing ihn und hielt ihn einfach so. Kein Laut war zu hören. Etwa eine Minute verging, bis er zusammenbrach und zu weinen begann. Die anderen Gefangenen sagten: »Gott ist hier.«

Als ich mein Zeugnis vor den Häftlingen des Gefängnisses in Honolulu beendet hatte, sagte ich zu ihnen: »Wenn ihr wollt, daß der Herr eure Ohren auftut, steht auf.« Ich ging hinüber zu einem Jungen, der aufgestanden war. Ich legte meine Hände auf die Seiten seines Kopfes und sagte: »Im Namen Jesu, komm aus ihm heraus!« Er fiel und ich fing ihn. Nach einer Minute brach er zusammen und weinte. Seine beiden Ohren öffneten sich schlagartig und sein Hörvermögen wurde völlig wiederhergestellt.

Der Kaplan kam herein und sagte: »Mr. Hayes, Ihre Zeit ist um. Sie müssen jetzt gehen.« Ich drehte mich also um und ging den langen Gang entlang zu der schweren Stahltür. Die Gefangenen kamen hinter mir her und sagten: »Bitte kommen Sie wieder und helfen Sie uns. Wir brauchen Ihre Hilfe!«

Alle diese Dinge geschahen wegen dieser einen nächtlichen Vision.

Verpassen Sie Gott nicht!

Meistens betonen die Leute nächtliche Visionen überhaupt nicht. Wenn Gott zu Ihnen käme und Ihnen am hellichten Tag eine Vision gäbe, würden Sie wissen, daß sie von Gott wäre. Wenn Sie in eine Trance fielen, während Sie beteten, und Gott nähme Sie mit in die geistliche Welt und zeigte Ihnen Dinge, dann würden Sie sagen: »Ja, Gott gab mir eine Vision!«

Aber der normale Weg – der alltägliche, der übliche Weg – eine Vision von Gott zu empfangen, ist in der Nacht, während Sie schlafen.

Verpassen Sie Gott nicht! Seien Sie offen, Visionen von Ihm zu empfangen – egal in welcher Form sie kommen mögen.

Kapitel 5

Visionen können Erkenntnisse vermitteln

Gott gibt Menschen nicht Visionen, damit alles bleibt, so wie es war. Wir sollen nicht ein, zwei Wochen herumlaufen und sie überall erzählen, um sie schließlich zu vergessen. Gott hat in allem, was er tut, einen Plan. Es hat immer einen Grund, daß Gott eine Vision gibt. Manchmal kann Gott nur durch eine Vision das zustande bringen, was er durch seine Kinder erreichen will.

Durch Visionen kann viel geschehen. Sie können auf übernatürliche Weise Wissen vermitteln. Sie können Satans Pläne verraten. Sie können Menschen befreien. Gott kann durch eine Vision einen gewaltigen Segen geben.

Visionen beinhalten verschiedene Arten von Kraft. Durch das Geben und Empfangen von Visionen wird die Herrlichkeit Gottes offenbart. Durch Visionen empfängt der Gläubige Kraft, mit der er Dinge in seinem Leben verändern kann.

Gott wird Ihnen eine Vision geben, wenn es etwas gibt, was Sie sehen sollen. Was für eine Szene wird das sein? Es gibt unendlich viele verschiedene Szenen. Vielleicht ist es eine Szene, die Ihnen zeigt, wie Sie reich werden oder Zerstörung vermeiden können.

Zerstörung ist nicht das Werk des Herrn, sondern des Teufels. Der Heilige Geist will Ihnen jedoch Wissen über das drohende Unglück vermitteln. Gott, nicht Satan, wird Ihnen eine Vision der Zerstörung geben, um Sie zu warnen und dadurch, daß der Herr Ihnen dieses Wissen in einer Vision gibt, zerstört er das Werk des Teufels. Der Herr offenbart Ihnen, was der

Zerstörer vor hat, und bereitet Sie so darauf vor, etwas dagegen zu unternehmen.

Wenn Sie eine Vision empfangen, die solch ein zerstörerisches Bild enthält, bitten Sie den Herrn, Ihnen zu zeigen, wie Sie verhindern können, daß diese Vision Realität wird. Denken Sie immer daran: Der Teufel ist nicht so klug wie Gott. Vielleicht dachten Sie das, aber es stimmt nicht.

Vielleicht dachten Sie, Satan sei so klug wie Gott, weil Gott ihn vollkommen geschaffen hat. Das stimmt schon, er wurde vollkommen geschaffen. Der Herr gab Luzifer (Satan) auch einen Willen, Autorität und Macht. Er gab ihm die Erlaubnis, frei beim Heiligen Berg Gottes ein- und auszugehen. Er gab ihm Schönheit, Macht und Autorität im Himmel. Er hatte in der Tat so viel Schönheit, Macht und Autorität, daß sich ein Drittel der Engel entschied, lieber auf ihn anstatt auf Gott zu hören.

Manche Menschen hören auf alles und jeden. Sie glauben alles, was sie hören. Es braucht nur jemand aufzustehen und irgend etwas zu lehren, und schon glauben sie es. Wenn man nicht seinen Glauben auf die Bibel gründet, kann man aus allen möglichen Gründen fallen. Warum? Weil man unwissend ist in Bezug auf die Wahrheit.

Viele Menschen in Fernost folgen den Heidenreligionen, die viele Götter haben. Manche beten sogar Tiere an. Warum? Weil sie es nicht besser wissen. Sie sind unwissend in Bezug auf das, was die Bibel über den einen wahren Gott sagt. Sie beten Götzen und solche Dinge an, weil sie es so von ihren Eltern und Verwandten gelernt haben. Von Kindheit an sind sie so unterrichtet worden.

Aber wenn ein Mensch durch den Heiligen Geist wiedergeboren wird und die Grundlagen über Gott in seinem Herzen hat, weiß er es besser, weil die Bibel und der Geist Gottes ihn unterrichten.

Wir sprechen davon, daß in einem Bild von Gott Wissen auf Sie kommt. Wir sprechen von göttlichem Wissen, nicht von menschlichem Wissen. In einer einzigen Vision kann Gott Ihnen Offenbarung geben. Er kann Ihnen eine Vision geben, die Ihr Leben völlig verändern wird.

Eines Abends empfing ich bei einem Gottesdienst in San Antonio, im Bundesstaat Texas, eine Vision, während ich für

Menschen betete. In der Vision sah ich, wie Menschen zum Altar liefen und als sie dort standen, streckte ich meine Hand aus und betete für eine dunkelhaarige junge Frau. Dabei sah ich, wie der Geist Gottes auf sie kam und ihre Hände übernatürlich nach oben gingen.

Nachdem ich diese Vision empfangen hatte, betete ich weiter. Etwa dreißig Minuten später schaute ich mich um und sah diese dunkelhaarige junge Frau, die ich in der Vision gesehen hatte. Sie und ihr Mann standen vorne zum Gebet. Er hielt ein Baby in seinem Arm. Tränen liefen über das Gesicht der Frau. Der Geist Gottes sprach zu mir: »Ich gebe dieser jungen Frau die Gabe, Orgel zu spielen.« Ich ging herüber zu dem jungen Mann, der das Baby im Arm hielt und sagte: »Gerade sprach der Herr zu mir, daß er Ihrer Frau jetzt die Gabe gibt, Orgel zu spielen.«

»Wirklich?«, fragte er.

»Ja, so ist es.«

Das war das erste Mal, daß ich etwas in der Art gesehen hatte. Ich ging zurück und betete weiter für andere Leute. Etwa eine Stunde lang stand die Frau in einer Trance. Ihre Augen waren geschlossen, Tränen liefen ihr über das Gesicht, und die Hände hielt sie vor sich ausgestreckt. Als sie aus der Trance erwachte, ging sie hinüber zur Orgel und begann wie eine professionelle Musikerin zu spielen. Das Wissen und die Fähigkeit, etwas zu tun, was sie nie zuvor in ihrem Leben getan hatte, kam auf diese junge Frau direkt vom Herrn durch eine Vision. Übernatürliches Wissen und übernatürliche Fähigkeiten können auf dem gleichen Weg zu Ihnen gelangen.

Jetzt werde ich einmal ganz praktisch. Achten Sie auf die Leute, die Gott durch Sie segnet. Manche werden viel von Ihnen halten. Das ist in Ordnung, solange Sie es in den richtigen Bahnen halten. Und hier war es natürlich in den richtigen Bahnen.

Nachdem ich für diese Frau gebetet hatte und der Herr ihr diese wunderbare Gabe gegeben hatte, liebte sie mich einfach – das war alles. Sie war nicht verliebt in mich. Sie war in ihren Mann verliebt. Sie liebte mich einfach mit einer tiefen geistlichen Liebe. Ich glaube, ich hätte nachts um drei Uhr an ihre Tür klopfen und sagen können, daß ich hungrig wäre, und sie hätte mir ein 5-Gänge-Menü gekocht. Sie und ihr Mann wurden gute Freunde von mir.

Visionen können Sie befreien

Meine erste Vision empfing ich vor vielen Jahren. Es war die höchste Art einer Vision, die offene Vision. Ich empfing sie im hellen Tageslicht, mitten am Nachmittag, mit geöffneten Augen. Es war eine Vision aus der Bibel; aber das wußte ich nicht, bis der Herr es mir später gesagt hat. Ich brauchte unbedingt etwas in der Art, um befreit zu werden. Seit ungefähr zwei Jahren war ich gläubig gewesen. Ich hatte mein Leben dem Herrn übergeben, aber ich brauchte eine Veränderung in meinem Leben. Visionen werden Ihnen dabei helfen, anders zu werden. Sie werden Ihren Weg verändern, wenn Sie es ihnen erlauben.

Ich brauchte unbedingt eine Vision, um befreit zu werden. Ich wollte um jeden Preis verändert werden. Jahrelang war mein Geist in eine bestimmte Richtung trainiert worden, und wenn das geschieht, wird daraus ein festes Verhaltensmuster.

Man kann zum Beispiel gewohnt sein, seit zehn Jahren an jedem Morgen um sieben Uhr zu frühstücken. Passiert dann eines Morgens etwas, das einen bis acht Uhr vom Frühstück abhält, so schreit der Körper von sieben bis acht Uhr: »Wo ist mein Frühstück? Ich will mein Frühstück!« Warum? Weil er so trainiert ist, um sieben Uhr zu essen. Muß er jedoch bis acht Uhr warten, dreht er durch. Das nenne ich eine Bindung des Teufels.

Als ich ein Junge war, lehrte mich mein Vater, hart zu arbeiten. Das Ergebnis war, daß ich mein ganzes Leben wie ein Berserker geschuftet habe. Ich hatte eine neue Arbeit und sollte um acht Uhr dort sein. Doch ich kam schon um sechs Uhr.

Der Chef fragte mich: »So einen wie Sie habe ich noch nie gesehen. Von wo kommen Sie?«

»Tennessee.«

»Warum fangen Sie schon um sechs Uhr an zu arbeiten?«

»Ich habe das schon immer so gemacht. Mein Vater hat für TVA gearbeitet und besaß außerdem noch zwei Farmen. Ich mußte auf der Farm arbeiten. Manchmal war ich schon morgens um halbfünf auf dem Feld. Es macht mir nichts aus, um sechs Uhr hier zu sein, das gefällt mir. Ich genieße das, früh aufzustehen, ich bin es gewöhnt.«

Wenn man als Kind so aufwächst, wird der Geist so trainiert. Ich weiß, was es heißt, um halbfünf im Baumwollfeld oder auf der Heuwiese zu sein, weil ich so großgezogen wurde.

Mein Chef hatte noch nie so einen Arbeiter wie mich gesehen. Er dachte, jeden Tag so früh zur Arbeit zu kommen, ist die größte Sache seit der Erfindung des geschnittenen Toastbrotes. »Ich hatte noch nie einen Angestellten, der um sechs Uhr morgens zur Arbeit kam.«

»Jetzt haben Sie einen«, sagte ich ihm.

Dann fing er an, mir Lohnerhöhungen zu geben. Er rief mich in sein Hinterzimmer und sagte: »Wissen Sie, ich habe einfach noch nie so einen Arbeiter wie Sie gesehen. Ich möchte Ihnen eine Lohnerhöhung geben.«

»Mr. Bishop, das müssen Sie nicht tun. Ich komme nur so früh, weil ich es gewohnt bin. Ich will, daß mein Arbeitsplatz sauber und ordentlich ist und alles an seinem Platz liegt. Ich will, daß meine Abteilung viel leistet. Sie müssen mir keine Lohnerhöhung geben.«

»Aber ich will«, sagte er mir. »Sie verdienen es.«

»Wie Sie meinen.« Also erhöhte er meinen Lohn. Und das tat er immer und immer wieder. Es war noch keine lange Zeit vergangen, da wollte er mich zum Manager machen.

»Machen Sie Witze?«, fragte ich ihn. »Ich bin erst neunzehn Jahre alt.«

Mein Geist war trainiert, Geld zu machen, weil ich ein harter Arbeiter war. Nicht viel später hatte ich mein eigenes Unternehmen. Ich baute mein Unternehmen so weit aus, daß ich vier- oder fünftausend Dollar die Woche verdiente. In mir war ein Geist, der mich antrieb. Ich wurde ein Sklave meiner eigenen Firma, versklavt, Geld machen zu müssen. Ich brauchte gar nicht so viel Geld; aber wenn man in so einer Sache drin ist, meint man, dafür sorgen zu müssen, daß es immer so weitergeht. Die Gewinne stiegen und stiegen. Ich brauchte das Geld gar nicht mehr, aber ich konnte nicht aufhören, weil ich daran versklavt war. Ich kam davon nicht mehr weg.

In den ersten beiden Jahren, nachdem ich mich bekehrt hatte, konnte ich nicht zur Ruhe kommen. Ich wollte ein Christ sein und wollte helfen, die Armen zu speisen und das zu tun, was Gott von mir wollte. Aber gleichzeitig wollte ich mit meinem Unternehmen Geld machen – und das tat ich auch.

»Ich würde gerne für Dich arbeiten«, sagte ich, »aber ich muß Geld machen. Es hat mich im Griff. Geld zu machen, ist ein Teil von mir. Wenn ich darauf aus bin, kann ich ein Geschäft zum Blühen bringen. Ich weiß, daß ich die richtigen Investitionen machen kann, um Geld zu verdienen.«

Ich war also angefüllt mit diesem Geist, der mich antrieb, Geld zu machen. Ich hatte mich mit Haken und Ösen hochgekämpft von fünfundzwanzig Cents am Tag zu vier- oder fünftausend Dollar pro Woche. Ich hatte alles, was ich wollte. Zwölf Jahre lang war mein Geist so trainiert worden. Ich konnte diesen zwanghaften Trieb zum Geldverdienen nicht loswerden. Wenn mein Geschäft mich brauchte, arbeitete ich von früh morgens bis spät in die Nacht. Mein Abendessen wartete auf der Warmhalteplatte. Ich mußte tun, was zu tun war. Ich dachte, ich wäre der einzige, der es tun könnte. Darum *mußte* ich es tun. Ich war ein Sklave meiner Arbeit – buchstäblich ein Sklave.

Ich hatte diesen Trieb in mir, Geld und noch mehr Geld zu machen. Ich war ein Sklave des Dollarzeichens. Ich wußte, daß ich Hilfe brauchte, aber nicht, wo ich sie finden konnte.

Ich hatte keine diesseitige Vorstellung, daß der Herr mir eine Vision geben würde. Wann empfing ich meine erste Vision von Gott? Eines nachmittags, während ich im Bett saß und die Worte Jesu las, wie sie im Matthäusevangelium im Kapitel 6 überliefert sind.

> Matthäus 6,28-30
> 28 Und warum seid ihr um Kleidung besorgt? Betrachtet die Lilien des Feldes, wie sie wachsen: Sie mühen sich nicht, auch spinnen sie nicht.
> 29 Ich sage euch aber, daß selbst nicht Salomo in all seiner Herrlichkeit bekleidet war wie eine von diesen.
> 30 Wenn aber Gott das Gras des Feldes, das heute steht und morgen in den Ofen geworfen wird, so kleidet, wird er das nicht vielmehr euch tun, ihr Kleingläubigen?

Plötzlich fing es an, oben auf meinem Kopf ganz warm zu werden. Es war, als hätte jemand ein heißes Tuch auf meinen Kopf gelegt. Die Wärme wanderte über meinen Kopf hinunter zu meinen Augen. Als sie über meine Augen kam, wurde ich blind, aber nur im physischen Sinne. Ich war nicht wirklich blind. Ich konnte sehen, aber ich konnte nichts in dieser Welt sehen. Plötzlich verließ ich meinen Körper und stieg auf in die Luft.

Da war ich nun oben in der Luft und schaute hinunter. Ich sah ein ganzes Feld voller Lilien, die sich langsam mit dem Wind hin- und herwogen. Vor und zurück, vor und zurück. Alles sah so friedevoll aus.

Ich dachte, das wäre das Schönste, was ich je gesehen hatte; aber dann sah ich etwas noch Schöneres. Von meinem Platz oben in der Luft kam ich langsam herunter mitten in das Feld mit Tausenden von Lilien und begann, mir eine einzige perfekte Lilie ganz genau anzusehen. Meine Augen schauten genau hin, wie sie mit ihrem Stengel aus dem Boden wuchs. Diese eine Lilie war das Schönste, was ich jemals in meinem ganzen Leben gesehen hatte. Gott hatte sie berührt, und sie wuchs einfach so in diesem Schmutz. Sie mühte sich nicht ab, sie kämpfte nicht um ihr Leben. Sie war einfach da, voller Friede.

Während ich mir die Blüte dieser wunderschönen Lilie ansah, änderte sich wieder die Szene in dieser Vision. Ich sah dort einen Königsstuhl stehen. Er war leer. Um ihn herum waren große Goldblöcke, Milliarden und Abermilliarden Dollar wert. Grüner Efeu war die Goldblöcke hinuntergewachsen und vertrocknet. Das war das häßlichste Zeug, das ich je gesehen hatte.

»Sie meinen, reines Gold kann häßlich aussehen?«

Ja, verglichen mit der Lilie, sah es häßlich aus. Der Königsstuhl, die höchste Position in der Welt, war leer. Das war der kältest-aussehende und totest-aussehende Stuhl, den man sich vorstellen kann. Ein Königsstuhl bedeutet gar nichts, ohne den König, der darauf sitzt.

Ich wußte nicht, daß der Herr mir Salomos Thron zeigte, aber so war es. Dann ließ mich der Herr einen genauen Blick auf diese Goldblöcke mit dem grünen Efeu werfen. Häßliches, eklig-aussehendes Zeug – das ist Geld ohne Gott.

Schließlich kam ich allmählich in meinen Körper zurück. Als die Vision kam, saß ich auf meinem Bett in Cleveland, im Bundesstaat Tennessee, mitten am Nachmittag. Aber als ich in meinen Körper zurückkam, war ich verändert. So mächtig kann eine Vision sein. Ich war vollkommen verändert. Ich war gesättigt mit dem Frieden Gottes. Ich hatte keinen rastlosen Killer-Trieb mehr in mir, der mich den Millionen nachjagen ließ. Es war alles weg. Ich war frei.

Visionen können Satans Pläne aufdecken

Vergessen Sie nie: Wenn eine Vision Ihnen oder anderen hilft, ist sie von Gott. Der Teufel kommt nicht zu Ihnen und gibt Ihnen eine Vision, damit Sie irgendjemandem helfen sollen. Wenn es eine gute Vision ist und es darum geht, anderen zu helfen, dann ist sie von Gott.

»Und was ist, wenn ich jemanden sterben sehe?«

Vielleicht warnt Gott Sie in dieser Vision. Gott kann auch eine ganz furchtbare, schreckliche Vision davon geben, daß jemand stirbt. Warum? Weil Sie der Teufel nicht im voraus wissen läßt, was er vorhat – jedenfalls nicht, wenn Sie mit dem Heiligen Geist erfüllt sind! Der Teufel will nicht, daß Sie seine Pläne kennen. Er will Sie immer dort erwischen, wo Sie blind sind.

Denken Sie immer daran, daß die Vision einer der Wege Gottes ist, Satans Werke aufzudecken. Gott möchte, daß die Gläubigen darüber beten, was er ihnen zeigt, und daß sie die Macht des Teufels brechen.

Gott kann Ihnen nachts ein Bild zeigen, während Sie schlafen. Untersuchen Sie, was er Ihnen zeigt. Studieren Sie die Bilder, die so zu Ihnen kommen. Vor einiger Zeit empfing ich eine nächtliche Vision über meine Tochter Zona. Ich habe nur ein Kind, ein kleines Mädchen. Sie wissen, wie Papas sind; sie meinen, ihre kleinen Mädchen sind das größte auf der Welt. In der Vision sah ich mich in ein Zimmer gehen, und Zona lag dort und war tot. Aber ich bin Gott ewig dankbar, daß er das Leben meines kleinen Kindes durch eine nächtliche Vision verlängert hat, indem er mir zeigte, daß Satan vorhatte, meine Tochter zu töten.

Wozu dient eine Vision von Gott? Sie kann Dinge zeigen, wie sie gerade sind. Oder sie kann Dinge zeigen, wie sie sein werden, wenn sich nichts verändert. Und wenn nichts dagegen getan wird, werden sie genau so geschehen, wie der Herr sie offenbart hat. Gott kann die Pläne des Teufel aufdecken, und der Heilige Geist kann uns den Sieg geben über alles, was der Feind mit uns oder unseren Lieben vorhat.

Wir müssen Menschen nicht einfach sterben lassen. Manche sagen vielleicht: »Bruder Norvel, ich glaube, daß alles was geschieht, Gottes Wille ist.« Sie machen wohl Witze! Wieso lassen Sie sich vom Teufel so eine Geschichte verkaufen? Jesus sagte, er käme, uns Leben zu geben, Leben im Überfluß, und er sagt weiter, daß der Teufel aus drei Gründen kommt, zu töten, zu stehlen und zu verderben. (Johannes 10,10)

Der Teufel ist ein Dieb und ein Mörder. Er wird alles von uns stehlen wollen, einschließlich das Leben derer, die wir am meisten lieben. Jesus sagte, daß alles, was wir auf der Erde binden, auch im Himmel gebunden ist. (Matthäus 18,18) Wenn wir nicht alles auf der Erde binden, wird Gott vom Anfang bis zum Ende unseres Lebens dasitzen müssen und wird nicht in der Lage sein, etwas gegen das zu tun, was uns widerfährt. Gott weiß, was zu tun ist. Aber wenn wir nicht wissen, was zu tun ist, wie können wir dann etwas Wertvolles tun?

Als ich diese Vision von Zonas Tod hatte, mußte ich mich daran erinnern, was zu tun ist. Ich studierte die Bibel bezüglich Visionen – und bezüglich der Kraft des Sprachengebets. Ich hatte schon vorher durch das Beten in Sprachen dabei geholfen, Menschen das Leben zu erhalten. Ich wußte, ich könnte es tun. Aber man muß das für sich selbst wissen und dann muß man es tun. Nur darüber nachzudenken, reicht nicht.

Was tat ich also, nachdem ich diese Vision vom Tod meiner Tochter hatte? Jedenfalls erzählte ich Zona nichts davon, was ich gesehen hatte. Das hätte sie nur erschreckt. Ich sagte meiner Tochter nicht, daß sie kurz davor war zu sterben.

»Wollen Sie damit wirklich sagen, sie glauben, daß sie tatsächlich gestorben wäre?« Genau. Ich wußte ohne die Spur eines Zweifels, daß sie gestorben wäre, wenn sich nichts verändert hätte.

»Aber wenn Sie das wußten, wie konnten Sie es verhindern?« Man muß die Bibel genau kennen, um zu wissen, daß der Tod der Feind Gottes ist. Das müssen Sie einfach wissen. Der Tod ist ein übler, böser Geist aus der Hölle. Der Tod ist vom Teufel. Wenn Sie die Bibel lesen, werden Sie herausfinden, daß am Ende der Zeiten der letzte böse Geist, der Geist des Todes, auf der Erde gegen die menschliche Rasse vorgehen wird. Das wird der letzte böse Geist sein, den Jesus binden und in den Feuersee werfen wird (Offenbarung 20,14).

Dann, nachdem dieser Geist in den See geworfen wurde, der mit Feuer und Schwefel brennt, wird alles wieder zur Normalität zurückkehren. Die Biene wird keinen Stachel mehr haben. Und der Tiger keine Krallen mehr. Er wird vor uns auf dem Boden liegen wie ein kleines Miezekätzchen. Wir werden Tiger als Schoßtiere haben – einschließlich Streifen und allem.

Aber bis dahin müssen wir uns noch mit dem Teufel auseinandersetzen und ihn überwinden. Satan ist ein böser Geist, und er ist stark hier auf der Erde. Aber Sie und ich, wir müssen uns nicht auf ihn einlassen. Er ist ein Dieb und ein Mörder, aber wir haben die Gewalt, ihn zu binden.

Nachdem ich also diese Vision von Zona hatte, band ich den Teufel und seine Dämonen. Ich sagte: »Ich binde dich, Geist des Todes, in Jesu Namen. Ich befehle dir, meine Tochter loszulassen. Du wirst Zona nicht umbringen. Ich werde nicht zulassen, daß du sie umbringst, du böser Geist. In Jesu Namen breche ich deine Macht und befehle dir: Laß meine Tochter los! Du Geist des Todes sollst wissen, du kannst meine Tochter nicht töten. Ich weiß, daß du das willst, aber du kannst es nicht. Du kannst es nicht, weil ich sage, daß du es nicht kannst. In Jesu Namen, nimm deine Hände weg von ihr! Sie gehört zu mir, und ich beanspruche den vollständigen Sieg für sie.«

Wenn Sie überhaupt irgendwelchen Respekt vor nächtlichen Visionen haben und wissen, was die Bibel darüber sagt, dann werden Sie in einer solchen Situation als erstes die Macht des Teufels binden – besonders wenn die Vision ein schreckliches Bild ist. Lernen Sie diese Lektion! Erfassen Sie die Vision klar, und werden Sie klar in Ihrem Bekenntnis!

Viele geisterfüllte Christen machen den Fehler und sagen: »Ich werde so einer negativen Vision keine Aufmerksamkeit schenken. Das ist ja der Teufel.«

Es ist eine Vision über das Werk der Hölle, das stimmt. Aber das ist nicht der Teufel! Es ist der Heilige Geist, der diese Vision ans Licht bringt. Es ist der Herr, der seinen Kindern eine nächtliche Vision gibt, um ihnen zu zeigen, was zu geschehen droht – weil sie ihm gehören und weil sie ein Recht haben, zu wissen, was auf sie zukommt. Es ist der Herr, der seinen Kindern zeigt, was der Teufel für sie vorbereitet hat. Und es kann verhindert werden, in dem Namen Jesu. Aber nicht, wenn Gottes Kinder seine Warnung beiseite schieben und sagen: »Ach, das ist ja vom Teufel.«

Die meisten Christen würden sagen: »Letzte Nacht habe ich geträumt – ich hab' wohl zuviel gegessen. Ich sah mein Kind in einem Autounfall. Ich werde mich gar nicht darum kümmern. Das ist ja nur der Teufel.«

Aber dann, in der nächsten Woche, oder drei Monate später, oder vier, fünf Jahre später, geschieht dieser Autounfall. Dann erinnern sie sich und sagen: »Weißt du, ich hab das geträumt – und jetzt ist es geschehen.« Aber wenn sie gewußt hätten, was die Bibel über Visionen sagt, hätte dieser Unfall verhindert werden können.

»Aber meine Gemeinde weiß gar nichts über Visionen.« Das hat doch mit Ihnen nichts zu tun. Sie haben ein Recht, selbst etwas über solche Dinge zu lernen.

Was habe ich getan, als ich Zona in der nächtlichen Vision tot sah? Ich bin gegen den Teufel angegangen. Ich hab den Geist des Todes gebunden und ihm befohlen, seine Hände von meiner Tochter wegzunehmen – und sie loszulassen.

Die Tatsache, daß der Heilige Geist in Ihnen lebt, heißt nicht, daß er in einem Fall wie bei meiner Tochter kommt und Ihnen sagt, was Sie tun sollen. Der Heilige Geist hat mir in dieser Situation nicht gesagt, was ich tun sollte. Er hat mir meine Tochter gezeigt, wie sie tot war. So wäre es gekommen. Hätte meine Erkenntnis nicht mit Gottes Wort übereingestimmt, so hätte ich nicht gewußt, was ich tun sollte, und meine Tochter wäre heute tot.

Der Heilige Geist weiß, was zu tun ist

Römer 8,26-27
26 Ebenso aber nimmt auch der Geist sich unserer Schwachheit an; denn wir wissen nicht, was wir bitten sollen, wie es sich gebührt, aber der Geist selbst verwendet sich für uns in unaussprechlichen Seufzern.
27 Der aber die Herzen erforscht, weiß, was der Sinn des Geistes ist, denn er verwendet sich für Heilige Gott gemäß.

Wissen Sie, was der Wille Gottes ist? Sieg! Das ist der Wille Gottes. Sieg ist immer der Wille Gottes. Und wer bekommt den Willen Gottes für sein Leben? Wir bekommen ihn offenbar nicht jedesmal, weil Sie und ich uns nicht immer so klug anstellen. Bei meiner Tochter habe ich mich jedenfalls nicht sehr klug angestellt. Ich wußte nicht, was mit ihr los war. Sie schien mir gesund zu sein. Aber ich wußte, das etwas nicht stimmte, weil der Herr es mir in einer Vision offenbart hatte.

Wenn Sie Zeit damit verbringen, in Sprachen zu beten, wird der Heilige Geist die Pläne des Teufels aufdecken, damit Sie sehen können, was er vorhat.

Alles was in Ihr Leben kommt und Verwirrung, Kopfschmerzen, Traurigkeit, Krankheit oder irgendetwas Negatives verursacht, ist immer vom Teufel. Nur, wenn jemand von Gott gerufen ist zu predigen, und es ihm schlecht geht, weil er dem Ruf nicht gehorchen will, kann es sein, daß ein Elend von Gott kommt. Durch dieses Elend wird Gott versuchen, diese Person zu verändern.

Wie lange habe ich über Zonas Zustand gebetet? Ungefähr einen Monat. Dann erhielt ich eines Tages einen Anruf von Zona. Sie war in der Universität von Tennessee.

»Papi, etwas ist geschehen, daß ich meine Arbeit bei der Bank verlassen und hierher kommen mußte, um mich im Universitätskrankenhaus untersuchen zu lassen. Der Arzt, der mich untersucht hat, sah auf mein Diagramm und war ganz außer sich. Du hättest ihn sehen sollen. Ich soll eine Woche im Krankenhaus bleiben. Papi, ich fühl mich gut. Ich will nicht im Krankenhaus bleiben. Was soll ich machen? Der Arzt ist so außer sich. Er sagt, ich werde sterben; ich hätte eigentlich schon tot sein müssen.«

»Was ist denn los, Schätzchen?« fragte ich.

»Der Arzt sagt, der Kalium-Spiegel in meinem Körper ist sehr niedrig. Es ist der niedrigste Stand, den er jemals bei einer Untersuchung gesehen hat. Wäre ich nicht zur Gesundheits-Untersuchung gekommen, so wäre ich dieser Tage in der Bank herumgelaufen und einfach tot umgefallen. Wenn ich nicht so ein außergewöhnlich starkes Herz hätte, wäre ich schon tot.«

Zona war zwei Monate zu früh geboren. Sie wog bei der Geburt nur 2100 Gramm. Nach der Geburt sagte der Arzt: »Ich weiß nicht, ob sie durchkommt; aber vielleicht schafft sie es. Sie hat ein sehr starkes Herz.« Seitdem hat der Teufel versucht, sie umzubringen. Einmal hat er ihren ganzen Köper mit Geschwüren überzogen. Damit wollte er sie umbringen. Er hat alles versucht, um ihr das Leben zu nehmen.

Dann erzählte ich ihr die Wahrheit. »Vor ungefähr einem Monat empfing ich eine nächtliche Vision und sah, wie Du tot warst. Ich hatte keine Vorstellung, wozu die Vision gut war oder wie Du sterben solltest. Ich habe nichts von einem Unfall gesehen, sondern sah nur, wie Du schon tot warst. Seit einem Monat bete ich in Sprachen, und ich habe Autorität über den Teufel genommen. Der Arzt hat absolut recht – Du warst im Sterben. Geh jetzt gleich in das Krankenhauszimmer.«

»Aber der Arzt wird Nadeln in meine Venen stechen und Kalium in meinen Körper pumpen«, protestierte sie. »Er wird eine Woche brauchen, bis mein Körper wieder normal funktioniert.«

»Geh in das Krankenhauszimmer«, sagte ich ihr. »Morgen komme ich dich besuchen.«

»Ist gut, Papi, wie du meinst.«

Weil ich in Sprachen gebetet hatte, deckte der Heilige Geist das Problem durch den Arzt auf, und der Herr sorgte für die Lösung. Der Heilige Geist fädelte es so ein, daß Zona zur Universität von Tennessee gehen und sich untersuchen lassen mußte. Wenn der Heilige Geist diese Untersuchung nicht eingefädelt hätte, wäre sie gestorben, weil niemand etwas über ihren Zustand gewußt hätte.

So ist es damals gelaufen. Eine Vision von Gott, gefolgt von ungefähr 30 Tagen Beten im Geist, hat das Leben meiner Tochter gerettet.

Die Kraft, Dinge zu verändern

»Das soll alles sein, was Sie tun?« Ja, das ist alles, was man tun muß. Wenn Gott Ihnen eine Vision gibt und Sie etwas Schlimmes sehen, denken Sie daran, es in Jesu Namen zu binden. Sagen Sie: »Nein, das wird nicht geschehen! Ich brechen deine Macht, Satan, in Jesu Namen. Ich breche deine Macht, und ich befehle dir: Laß diese Person los, laß sie frei! Ich beanspruche den Sieg über sie in Jesu Namen.«

Ich nehme meinen Fall als Beispiel: »Nein, Satan, du wirst Zona nicht töten. Ich erlaube es dir nicht. In Jesu Namen beanspruche ich den vollständigen Sieg für Zona.«

Während ich für meine Tochter Fürbitte tat, ging ich manchmal einfach umher und betete in Sprachen. Manchmal fuhr ich gerade im Auto, und der Herr erinnerte mich an diese Vision. Dann sagte ich immer: »Nein, das wirst du nicht tun, Satan, ich beanspruche den vollständigen Sieg für Zona, in Jesu Namen. Du kannst sie nicht umbringen, Satan.«

Fahren Sie einfach so fort, bis der Sieg kommt. Die Bibel sagt uns ganz deutlich, daß der Heilige Geist den Willen Gottes für uns bekommt, wenn – wenn – er zum Beten kommt. Wer kommt zum Beten? Der Heilige Geist. Er kümmert sich auch darum. Er weiß genau, was zu tun ist. Glauben Sie es mir einfach. Beten Sie immer weiter in Sprachen. Versuchen Sie nicht, alles selbst herauszufinden, sonst bringen Sie nur alles durcheinander. Beanspruchen Sie einfach den Sieg in Jesu Namen. Beten Sie darüber in Sprachen und nennen Sie es Sieg. Rufen Sie den Namen dieser Person vor Gott aus, und beten Sie in Sprachen, bis der Sieg kommt. Und bleiben Sie dran.

Gott sieht Ihre Treue. Gott hört Ihre Gebete. Und er versteht und erhört das Gebet des Heiligen Geistes. Satan kann diese Heilig-Geist-Gebete nicht stoppen. Der Heilige Geist wird den Willen Gottes für die Heiligen jederzeit bekommen.

Wenn Sie die ganze Zeit auf deutsch beten, kann der Heilige Geist einige dieser Gebete stoppen. Manchmal dauert es lange, bis diese Gebete erhört werden. Dämonen sind hier, um Ihre Gebete zu behindern oder sogar zu stoppen. Aber wenn Sie in Sprachen beten, ist der Heilige Geist klüger als alle Dämonen. Dämonen werden Sprachengebete nicht stoppen, weil die Bibel sagt, daß der Heilige Geist für alle Heiligen eintritt und den Willen Gottes für sie betet. Was ist der Wille Gottes? Sieg ist in jedem Fall der Wille Gottes. Er ist ein Teil des überfließenden Lebens.

Aber wenn Sie bezüglich dieser Dinge unwissend sind, wenn Sie kein guter Student der Heiligen Schrift sind, werden Sie nicht wissen, was zu tun ist. Die Bibel sagt, daß Gottes Volk aus Mangel an Erkenntnis umkommt (Hosea 4,6.). Geben Sie lieber acht auf das, was Ihnen der Heilige Geist durch Visionen und durch die Schrift vermitteln will.

Der Heilige Geist und ich haben die Situation bezüglich des Todes meiner Tochter verändert. Anders ausgedrückt: Ich war das Gefäß. Ich hatte Erkenntnis über die Situation und über den Wert des Sprachengebetes. Aber das Sprachengebet – dem Heiligen Geist zu erlauben, durch mich zu beten – das hat es eigentlich getan.

Gott hat die Pläne des Teufels aufgedeckt. Satan hatte versucht, sich auf Zonas blinder Seite heranzuschleichen und ihr Leben zu nehmen. Aber ich mache mir keine Sorgen darüber, was der Teufel zu tun versucht, Gott wird ihn immer besiegen – wenn sein Volk offen genug ist zuzuhören und treu genug ist, ihm zu gehorchen. Nehmen wir einmal an, Sie sind in einer Situation, die Sie verändern müssen. Ich sage Ihnen jetzt, daß der Heilige Geist klüger ist als Satan. Und er ist hier, um Ihnen zu helfen. Er lebt in Ihnen und versorgt Sie mit allem, was Sie brauchen, um im Sieg über den Feind zu leben.

Jesus liebt Sie und er lebt in Ihnen durch die Kraft des Heiligen Geistes, um Ihnen zu helfen, in jeder Lebenslage zu triumphieren.

Vielleicht hatten Sie eine nächtliche Vision, vielleicht hat Gott Ihnen schreckliche Dinge gezeigt. Gott will, daß Sie beten, um diese Dinge zu stoppen. Sie können sie auch sein lassen, wie sie sind, wenn Sie wollen. Aber dann wird das, was Sie in der Vision gesehen haben, genau so passieren.

»Aber vielleicht betet ja jemand anderes.« Nein, Gott hat es *Ihnen* gezeigt. Sie sind verantwortlich, nicht irgend jemand anderes. Gott hat nicht viele Leute, die dieses Prinzip verstehen. Man findet kaum jemand, der das versteht, weil sie nie über Visionen gelehrt wurden.

Sie müssen eine Entscheidung treffen. Sie haben die Macht, entweder Gott in einer Manifestation vom Himmel auf die Erde herunterzubeten, damit diese Sache nicht geschieht, oder nicht zu beten und sie geschehen zu lassen. Wenn die Sache gestoppt werden soll, müssen Sie es selbst machen.

Können Sie jetzt erkennen, welchen Wert es hat, von Gott eine Vision zu empfangen. Können Sie jetzt erkennen, wie Sie ein Instrument sein können, Dinge zu verändern? Allein können Sie sie nicht verändern, aber Sie und der Heilige Geist können das.

Ich behaupte nicht, irgendwie klüger als Sie zu sein. Ich behaupte nicht, ein besserer Christ als Sie zu sein. Vielleicht sind Sie viel klüger und ein viel besserer Christ als ich. Aber es geht darum, die Bibel zu kennen und dem, was Gottes Wort sagt, zu gehorchen. Denken Sie mal zurück. Hatten Sie eine negative nächtliche Vision über irgendetwas? Wenn ja, denken Sie daran: Es muß nicht so kommen. Verhindern Sie es!

Sind Sie schon einmal an eine Person geraten und spürten in Ihrem Geist, daß diese Person sterben wird? Oder daß diesem Menschen irgendetwas Schreckliches passieren wird? Wenn Sie anfangen, dieselbe Sache bei dieser Person zwei-, drei- oder viermal zu spüren, wird es üblicherweise genau so passieren, wie Sie es empfunden haben. Sie können die Macht des Todes über diesem Menschen brechen. Sie und der Heilige Geist können diese Vision verändern.

Sind Sie willig, sie zu verändern? Sind Sie willig, für jemand anderen den Preis zu bezahlen? Vielleicht geht es auch um Sie selbst. Vielleicht haben Sie eine Vision von Gott empfangen, in der Sie sich selbst tot gesehen haben. Vielleicht haben Sie sich in einem Autounfall gesehen. Wenn ja, sollten Sie sich besser darum kümmern, denn in einigen Wochen, Monaten oder sogar Jahren könnte es passieren, wenn Sie nicht die Macht des Teufels binden. Satan hat da etwas für Sie in Planung, um Sie zu zerstören, aber der Heilige Geist ist viel klüger als er. Er kann Ihnen sagen, was der Teufel vorhat.

Ich sage es, wie es ist. Es gibt keinen billigen Weg zum Sieg. Sie müssen den Preis bezahlen, um den Sieg zu erlangen. Und ich warne Sie. Wenn Sie den Preis nicht bezahlen, werden Sie den Sieg nicht erlangen. Ich kann das für Sie nicht ändern. Das kann auch sonst niemand. Sie müssen selbst beten und die Situation verändern.

Kapitel 6

Visionen können vor Gefahren warnen

Visionen können Ihnen helfen. Der Herr kann Sie wissen lassen, daß etwas Gefährliches geschehen wird. Der Herr muß Sie nicht durch eine Vision warnen, doch es ist der normale Weg, wie er seinen Kindern diese Dinge zeigt.

Erinnern Sie sich, daß der Herr zu Paulus in einer Nachtvision sagte, daß er sich nicht fürchten solle, das Evangelium in einer heidnischen Stadt zu verkündigen. Er versicherte ihm, daß ihm niemand etwas tun würde.

> Apostelgeschichte 18,9-10
> 9 Der Herr aber sprach durch ein Gesicht in der Nacht zu Paulus: Fürchte dich nicht, sondern rede und schweige nicht!
> 10 Denn ich bin mit dir, und niemand soll dich angreifen, dir Übles zu tun; denn ich habe ein großes Volk in dieser Stadt.

Warum sollte der Herr zu Paulus zu dieser bestimmten Zeit in seinem Leben durch eine Vision sprechen? Weil er in Gefahr war, natürlich. Ich sage Ihnen, der Geist Gottes läßt Sie wissen, wenn Sie in Gefahr sind, und viele Male wird er es durch Visionen tun.

Natürlich ist das innere Zeugnis der beste Weg, wie Gott sein Volk im täglichen Leben leitet. Das ist aber noch lange kein Grund, Visionen zu verneinen; denn das Neue Testament ist voll von Beispielen, wie Gott seinem Volk Visionen gibt. Er tut es immer noch, aber um auch einen Nutzen daraus ziehen zu können, muß man wissen, wie Visionen zustandekommen und wie sie zu behandeln sind. Sie müssen wissen, was der Heilige Geist Ihnen sagen will.

Wie bereits festgestellt, ist eine Vision eine Szene von Gott, die Sie sehen sollen. Gott möchte, daß Sie sie sehen, weil er Sie liebt, und er möchte, daß Sie die geistlichen Dinge beachten. Wenn Sie damit nichts anfangen können, so ist es nicht Gottes Fehler. Er zeigt es Ihnen, und es gibt einen Weg, etwas damit anzufangen, wenn Sie wissen, was das Wort sagt.

Wir wir schon gesehen haben sagt Jesus, daß alles, was wir auf Erden binden, im Himmel gebunden sein wird (Matthäus 18,18). Wenn also ein Werk der Hölle versucht, gegen Sie zu kommen, oder wenn Ihnen durch eine dämonische Aktion Leid zugefügt werden soll, so kann der Heilige Geist Ihnen zeigen, was sie dagegen tun können. Sie können dieses Werk im Namen Jesu binden. Sie können diesem bösen Ding die Stirn bieten, es entlarven und ihm ein Ende machen. Lernen Sie folgendes: Wenn Sie einen Dämon zu lange gewähren lassen, ohne ihm entgegenzutreten, wird er Sie die Wände hoch gehen lassen. Sie müssen einem Dämon die Stirn bieten, egal was es auch sein mag. Sie müssen diesem Ding entgegenstehen, so schnell wie möglich und es beseitigen.

Es war gefährlich, Jesus den Heiden zu predigen

Warum also sprach der Herr zu Paulus durch eine nächtliche Vision? Weil Paulus in Gefahr war. Paulus hatte gerade die Juden erzürnt, weil er ihnen Jesus als den Christus predigte.

Dann verließ er die Juden und predigte den Heiden. Das war gefährlich in jenen Tagen. Genauso gefährlich, wie einem Juden zu erzählen, daß Jesus der Christus sei. Doch zu den Heiden zu gehen, zu predigen, Gemeinschaft mit ihnen zu haben und mit ihnen zu essen, das war für einen Juden mehr als gefährlich. Das war ein Spiel mit dem Tod. Paulus hätte dabei leicht getötet werden können.

Deshalb brauchte Paulus zu dieser besonderen Zeit seines Lebens eine Vision vom Herrn. Er brauchte eine Vision von Jesus selbst.

Beachten Sie bitte die drei Worte, die der Herr zu ihm sagte, dann werden Sie die Vision verstehen und begreifen, warum Paulus an diesem Ort war und wie er sich in seinem Inneren fühlte: »Fürchte dich nicht.«

In einer solchen Gefahr, ist man immer ein bißchen ängstlich. Doch der Herr ermutigt Paulus: »Fürchte dich nicht, sondern rede und schweige nicht!« (Apostelgeschichte 18,9.)

»Fürchte dich nicht!«

Das ist es, was mir der Herr in Bezug auf das Austreiben von Dämonen sagte: »Fürchte dich nicht! Mein Sohn, höre nie auf, die Dämonen auszutreiben, und schäme dich deshalb niemals. Viele meiner auserwählten Gefäße beginnen mit Befreiungsdienst, wenn ihre Versammlungen klein sind. Dann jedoch, wenn ihre Versammlungen groß geworden sind und die Reichen aus der Stadt in ihre Gemeinde kommen, findet der Befreiungsdienst für einige Jahre in einem Hinterzimmer statt, bis er schließlich völlig eingestellt wird.«

Gott kennt keine Hinterzimmerdienste. Der Herr möchte, daß wir die Dämonen in Jesu Namen am Sonntagmorgen direkt vorne am Altar austreiben, so daß es die Gemeinde sehen kann. Mir ist es egal, ob die Dämonen Schaum auf den Boden spucken oder schreckliche Szenen veranstalten. Wenn jemand in der Versammlung von dämonischen Kräften besetzt ist, so muß er auf der Stelle davon befreit werden, auch wenn es eine Weile dauert. Ist ein Gastsprecher da, so kann ich es verstehen, daß der Befreiungsdienst in einem Nebenzimmer stattfindet. Doch vielerorts findet der Befreiungsdienst immer in Nebenzimmern statt und das, mein Bruder oder meine Schwester, ist ein Weg ins Abseits.

Was meine ich damit, wenn ich sage, daß dies ein Weg ins Abseits ist? Ich meine damit, daß sie ihre geistliche Kraft verlieren werden. Sie fangen an, mit dem Evangelium zu spielen, und werden schließlich so harmlos, daß Gott Ihnen in Ihren Versammlungen nur noch einen Klaps auf den Rücken geben kann.

Gott möchte, daß seine Gemeinde frei ist. Und er möchte, daß wir uns keiner Sache schämen müssen. Wenn der Teufel jemanden angreift, so sollen wir uns nicht schämen, diesem Menschen zu helfen. Gehen Sie auf diese Person zu, und beten Sie für sie. Gehen Sie auf diese Person mit Ehrfurcht und Kraft zu, und beten Sie, indem Sie die dämonische Kraft zurückweisen und sagen: »In dem Namen Jesus, komm heraus!«

Ich schäme mich nicht, das zu sagen. Ich muß auch nicht viel Glauben aufbauen, um das zu tun. Es ist für mich ganz natürlich. In Markus 16,15-18 sagt Jesus zu den Jüngern, daß sie in alle Welt gehen sollen und das Evangelium jedem Geschöpf predigen und Dämonen austreiben sollen. Er verspricht ihnen, daß ihnen Zeichen und Wunder folgen werden. An einer anderen Stelle sagt er, wenn wir uns auf der Erde seiner schämen, so wird er sich unser schämen, wenn wir vor ihm stehen (Markus 8,38).

Ganz oben auf der Liste der Worte Jesu an einen Gläubigen steht das folgende: »Ich möchte, daß du in meinem Namen Dämonen austreibst.«

»Aber ich bin ein Gläubiger und treibe keine Dämonen aus.« Wann werden Sie damit anfangen?

»Ich? Das sollen lieber andere tun«. Nein, Markus 16 ist nicht an jemand anderen gerichtet, es ist an Sie gerichtet. Versuchen Sie nicht, diese Verantwortung an jemand anderen abzuschieben. Jeder Gläubige ist dazu bestimmt, das Evangelium zu predigen und Dämonen auszutreiben.

Paulus trieb Dämonen aus, er betete für die Kranken. Jesus sagte zu ihm: »Denn ich bin mit dir, und niemand soll dich angreifen, dir Übles zu tun; denn ich habe ein großes Volk in dieser Stadt.«

Hat Paulus getan, was Jesus ihm befohlen hat? Ja, denn im folgenden lesen wir: »...und er hielt sich ein Jahr und sechs Monate auf und lehrte unter ihnen das Wort Gottes.« (Apostelgeschichte 18,10-11)

Wenn Sie dem Teufel mit der Wahrheit entgegenstehen, wird er Ihnen den Rücken zeigen, weil der Teufel ein Feigling und ein Irreführer ist. Binden Sie ihn und konfrontieren Sie ihn mit der Wahrheit, und er wird verschwinden.

»Gefahr, Gefahr!«

Eines Morgens wachte ich um 5.30 Uhr auf und hatte große Angst. Der Herr zeigte mir eine Szene durch eine Nachtvision. Zu dieser Zeit besaß ich einige Restaurants. Der Herr zeigte mir in einer Vision ein bestimmtes Restaurant, die 'Oyster Bar' und sagte: »Gefahr, Gefahr!«

Ich öffnete meine Augen und saß in meinem Bett. Ich sah dieses Restaurant klar vor mir, und die Stimme wiederholte: »Gefahr, Gefahr!«

Mein Herz klopfte wie verrückt, und mein Puls raste. Was hatte diese Vision und diese Botschaft zu bedeuten? Es bedeutete: »Mein Sohn, du hörst mir jetzt besser zu.« Ich wußte, mein Leben stand auf dem Spiel. Also war übernatürliche Vorsicht geboten. Etwas Gefährliches drohte im Restaurant zu passieren. Ich mußte aufpassen, beten und Gottes schützende Kraft beanspruchen.

Ich stand unverzüglich auf und rief meine Sekretärin zu Hause an.

»Mary Lou?« sagte ich, »es wird etwas im Restaurant 'Oyster Bar' passieren. Gott weckte mich heute morgen um 5.30 Uhr und sagte zu mir: 'Gefahr, Gefahr! Paß auf, mein Sohn, Gefahr'. Es wird etwas passieren, deshalb rufe ich dich an. Bete, Mary Lou, bete, daß Gott mich beschützt.«

Dann sagte ich zum Herrn: »Gott, laß deine Kraft um mich sein, leite du mich heute, Heiliger Geist. Laß mich einen Schritt vorwärts gehen, wenn du es sagst und ich will mich zurückhalten, wenn du mich zurückhältst. Hilf mir heute, Herr und beschütze mich durch deine Kraft, in Jesu' Namen.«

Warum habe ich so gebetet? Weil der Herr mir gerade eine Vision gegeben hatte. Durch den Heiligen Geist, der in mir wohnt, warnte er mich, daß dem Restaurant Gefahr drohte.

Ich wußte, daß die Vision vom Herrn war, weil der Teufel nicht erscheinen würde, um mir zu sagen, daß eines meiner Restaurants in Gefahr wäre. Gott ließ es mich wissen, damit ich etwas dagegen unternehmen konnte.

Der Teufel ist nicht so dumm, daß er Ihnen verrät, was er vorhat. Aber der Heilige Geist weiß es, und er will es Ihnen sagen, wenn Sie auf ihn hören.

Also betete ich und bat den Herrn, daß er über mir wachen und mich beschützen sollte, weil ich von der fürchterlichen Gefahr wußte, die auf mich zu kam. Ich bat Gott, daß sein Wille in dieser Situation geschehen solle.

Ungefähr zwischen 14.00 Uhr und 14.30 Uhr verspürte ich plötzlich den Impuls, in die »Oyster Bar« zu fahren. Ich stieg in mein Auto und für in Richtung Restaurant. Ich fuhr den Hügel hinauf, und oben, kurz bevor ich das Restaurant erreichte, sah ich, daß etwas nicht stimmte.

Einige Diebe waren dabei, mein Lokal auszuräumen. Ich erinnerte mich, was der Heilige Geist gesagt hatte: »Gefahr, Vorsicht, Gefahr!« Also hielt ich meinen Wagen an. Die Diebe wußten natürlich, daß ich der Besitzer war. Wenn sie mich gesehen hätten, hätten sie sich erschreckt.

Sie liefen hin und her und nahmen nicht nur Geld mit, sondern auch einige andere Dinge und luden sie hinten in ihren Wagen. Plötzlich sahen sie mein Auto oben auf dem Hügel stehen, sprangen in ihren Wagen und flohen.

Nun wußte ich es: Wenn der Heilige Geist mich nicht gewarnt hätte, wäre ich hinunter gefahren zu meinem Restaurant und vielleicht erschossen worden. Der Heilige Geist bewahrte mich. Er warnte mich vorher. Ich wußte nicht, daß es dabei um einen Raub ging. Das einzige, was der Herr zu mir sagte war: »Gefahr!« Wenn der Heilige Geist sagt, daß Gefahr droht, passen Sie besser auf – es besteht Gefahr! Hören Sie auf das, was er Ihnen sagt.

Ich hatte ein anderes Restaurant, etwa dreißig Meilen entfernt von meinem Haus in Celveland, Tennessee. Es befand sich in einer Stadt namens Athens, gegenüber der »Western-Universität«. Eines Tages hielt ich mich gerade in Cleveland auf, als der Herr mir plötzlich das Restaurant in Athens zeigte und sagte: Fahre nach Athens zu deinem Restaurant, fahre sofort!«

Ich tat also, was der Herr mir durch die Vision gesagt hatte und fuhr zu meinem Restaurant nach Athens. Als ich dort ankam, erwischte ich meinen Manager, wie er gerade dabei war, mich zu berauben. Können Sie sich das vorstellen, er hatte bereits die gesamte Einrichtung herausgeholt? Er wollte sie verkaufen. Ich erwischte ihn auf frischer Tat und bekam meine gesamte wertvolle Einrichtung zurück.

Gott kann Ihnen mitten am Tag eine Vision zeigen. Er gab mir über Jahre hinweg solche Visionen, immer und immer wieder. Wie macht er das? Redet er zu mir durch eine Stimme? Manchmal spricht er zu mir mit einer hörbaren Stimme, manchmal versetzt er mich in Trance. Das ist mir vier bis fünf Mal in meinem Leben passiert. Gewöhnlich zeigt er mir einfach Szenen.

Gott möchte Ihnen durch Visionen in der Nacht dienen. Manchmal jedoch gibt er auch Visionen am hellichten Tage. Wenn Sie dem Geist gegenüber offen sind, wird der Herr Sie Dinge in der geistlichen Welt sehen lassen, und wenn er will, wird er Ihnen zeigen, was mitten am Tag passieren wird. Wenn Sie Ihre geistlichen Augen offen halten, können Sie sehen, was real ist.

Gewarnt vor dem Geist der Eifersucht

Gott kann jede Art von Vision nutzen, um Sie vor einer Gefahr zu warnen. Erinnern Sie sich an die Frau, von der ich Ihnen erzählte, die auf übernatürliche Weise das Orgelspielen erlernte. Ich bin gut befreundet mit diesem Paar. Der Herr zeigte mir in einer Nachtvision, daß ihr Ehemann wegen ihrer Zuneigung zu mir eifersüchtig auf mich war. Das passierte vor einiger Zeit. Der Herr zeigte mir in einer Nachtvision, daß ihr Ehemann mit einem Gewehr hinter mir her war.

Dieses Paar und ich sind seit Jahren befreundet. Ich wußte, daß die beiden oft an mich dachten. Aber dann empfing ich einen Traum und in diesem Traum sah ich, wie der Ehemann dieser jungen Frau versuchte, über einen Zaun oder etwas ähnlichem zu steigen, und daß er ein Gewehr bei sich hatte.

Als ich aufwachte, lag ein Geist der Angst auf mir. Mein Herz schlug wild, und ich wußte natürlich, was dieser Traum zu bedeuten hatte. Der Herr wollte mir zeigen, was geschehen würde.

Wie gesagt, dieses Paar gehört zu meinen engen Freunden. Ich war oft zum Essen bei ihnen und natürlich kochte die junge Frau jedesmal etwas, was ich bevorzugte. Ich stellte fest, daß der Ehemann jedesmal, wenn ich dort war, drei- bis viermal die gleiche Bemerkung machte: »Wenn du hier bist, Bruder

Norvel, bekommen wir alles, meine Frau übertrifft sich jedesmal, wenn du kommst.« Er sagte das immer in einer netten Art. Ich dachte überhaupt nicht darüber nach, weil ich wußte, daß seine Frau mich, für das, was ich für sie getan hatte, liebte.

Wenn Sie jemand liebt, so wissen Sie es. Dies war eine geschwisterliche Liebe, aber offensichtlich regte es ihren Ehemann auf.

Seitdem ich weiß, daß Visionen von Gott schriftgemäß sind, und daß sie ein Dienst des Heiligen Geistes sind, durch den er seine Kinder wissen läßt, was auf sie zu kommt, weiß ich, daß ich Träume nicht ignorieren soll. Das erste, was ich tat, nachdem ich den Traum hatte, war, daß ich direkt dort im Bett diesen faulen, eifersüchtigen Geist band.

»Ich binde dich und befehle dir, diesen jungen Mann loszulassen, in dem Namen Jesu. Laß ihn frei, in dem Namen Jesu'. Du wirst ihn nicht bekommen.«

Ich wußte, daß die junge Frau mir nicht erzählen würde, daß etwas nicht in Ordnung ist, selbst, wenn sie davon wüßte. Sie würde mich um alles in der Welt nicht verletzen wollen. Sie behandelte mich immer wie einen König. Also rief ich sie an, und sie sprach mit mir.

»Wie lange ist dein Ehemann schon eifersüchtig auf mich?« fragte ich sie.

»Oh, was meinst du, Bruder Norvel?«

»Wie lange?« fragte ich noch einmal, »und warum?«

Sie konnte nicht begreifen, woher ich es wußte. Sie begann zu weinen und sagte: »Ja, der Teufel hat ihn. Eines nachts hat er es mir erzählt. 'Du liebst ihn so sehr, warum verläßt du mich nicht und gehst zu ihm?'« Sie erzählte mir, daß ihr Ehemann in den letzten sechs Monaten verrückt vor Eifersucht geworden war.

»Ich werde mit ihm reden«, versicherte ich ihr. Ich rief ihn an und konfrontierte ihn mit der Situation.

»Du mußt wieder einen klaren Kopf bekommen«, sagte ich ihm. »Ich habe keine romantische Zuneigung für deine Frau – nicht im geringsten. Ich habe nie etwas für sie empfunden und werde nie etwas für sie empfinden, außer als Schwester in Christus. Ich weiß genau, was los ist und was passieren wird. Du siehst besser zu, daß du diese Gedanken ein für allemal aus deinem Kopf bekommst.«

»Da ist nichts zwischen deiner Frau und mir«, versicherte ich ihm. »Absolut gar nichts. Diese Frau liebt dich, verstehst du das? Sie ist verliebt in dich. Ich gehe nicht mit den Frauen anderer Männer aus, mit keiner von ihnen. Das ist etwas, was Gott haßt. Das einzige, was der Herr mehr haßt, als mit der Frau eines anderen auszugehen oder einen Annäherungsversuch zu machen, ist, einen Götzen anzubeten.«

»Also, sieh zu, daß du diese Dinge aus deinen Gedanken bekommst«, sagte ich zu ihm. »Dieser eifersüchtige Geist wird dich die Wände hochgehen lassen. Außerdem bin ich nicht so, und das weißt du.«

»Du hast recht, Bruder Norvel.«

Diese Unterhaltung reichte aus. Dieser eifersüchtige Geist hätte ihn weiter getrieben, wenn nicht diese eine Nachtvision gekommen wäre. Dieser junge Mann ist im Grunde genommen ein netter Typ. Im Normalzustand hätte er niemals etwas Böses tun können. Ein eifersüchtiger Geist jedoch nahm Besitz von ihm und ich hätte es nicht gewußt, ohne diese Nachtvision.

Wenn Gott Ihnen eine Nachtvision über so schreckliche Dinge gibt, müssen Sie schnell handeln. Falls Sie es nicht tun, wird dieser faule Geist in Ihr Haus kommen, einige Ihrer Angehörigen angreifen und Sie töten. Sie müssen sagen: »Nein, Geist des Krebses, du kannst in diesem Haus nichts ausrichten. Ich verfluche dich, im Namen Jesu. Verlasse diesen Körper und verlasse dieses Haus. Verlasse dieses Grundstück, in dem Namen Jesu geh!«

Sie müssen jeden Tag in dieser Art befehlen, laut und stark. Schlagen Sie dieses Ding und verfluchen Sie es im Namen Jesu, damit es nichts mehr unternehmen kann. Wenn Sie keine Autorität ausüben über diesen Geist, wird er sich ausbreiten und wirken und schließlich die Person töten, die er angegriffen hat. Wir müssen unbarmherzig sein mit diesen Geistern des Todes. Jesus sagt, daß der Teufel nur aus drei Gründen kommt, um zu töten, zu stehlen und zu zerstören (Johannes 10,10).

Also, wenn Sie aufwachen und denken, Sie hätten einen Alptraum gehabt, weil Ihr Herz sehr schnell schlägt, kann es sein, daß dies eine nächtliche Vision vom Herrn war, um Sie zu warnen. Gott zeigt Ihnen vielleicht ein Bild. Ist das der Fall, dann studieren Sie das Bild, und brechen Sie die Macht, wenn es von Gefahr spricht. Fangen Sie an, im Geist zu beten und sagen Sie »Nein« zu dem Geist. Ergreifen Sie den Sieg, und binden Sie den Teufel im Namen Jesu. Wenn Sie dies alles tun, wird diese böse Szene, die der Herr Ihnen zeigte nicht stattfinden.

Kapitel 7

Große Dienste entstehen durch Visionen

> Apostelgeschichte 9,1-4
> 1 Saulus aber, noch Drohung und Mord wider die Jünger des Herrn schnaubend, ging zu dem Hohenpriester
> 2 und erbat sich von ihm Briefe nach Damaskus an die Synagogen, damit, wenn er etliche, die des Weges wären, fände, sowohl Männer als Weiber, er sie gebunden nach Jerusalem führe.
> 3 Als er aber hinzog, geschah es, daß er Damaskus nahte. Und plötzlich umstrahlte ihn ein Licht aus dem Himmel;
> 4 und auf die Erde fallend, hörte er eine Stimme, die zu ihm sprach: Saul, Saul, was verfolgst du mich?

Große Dienste werden durch Visionen geboren. Der Dienst von Paulus wurde durch eine Vision geboren. Genauso entstand der Dienst von Petrus unter den Heiden. Paulus bekam eine Vision von Gott während er auf der Straße entlanglief. Petrus dagegen empfing seine Vision auf dem Dach eines Hauses. Gott spricht heute noch zu Menschen und gründet auch Dienste durch Visionen. Vielleicht gibt Gott Ihnen eine Vision, um in den Dienst zu gehen. Gottes Visionen dienen dazu, Leiter vorzubereiten und ihnen Informationen zu geben. Er zeigt ihnen, wohin sie gehen sollen und was sie tun sollen. Eine einzige Vision kann Ihr Leben verändern, genauso wie bei Saulus von Tarsus. Eine Vision kann unzählige Menschen prägen, wenn die Leiter gehorsam den Anweisungen folgen, die Gott ihnen in einer Vision gezeigt hat. Saulus bekam eine

Vision auf der Straße nach Damaskus. Er sah ein großes Licht und hörte eine Stimme. Er fragte, wer zu ihm sprach und es wurde ihm geantwortet, daß es Jesus sei.

> Apostelgeschichte 9,6-9
> 6 Stehe aber auf und geh in die Stadt, und es wird dir gesagt werden, was du tun sollst.
> 7 Die Männer aber, die mit ihm des Weges zogen, standen sprachlos, da sie wohl die Stimme hörten, aber niemand sahen.
> 8 Saulus aber richtete sich von der Erde auf. Als aber seine Augen aufgetan waren, sah er niemand. Und sie leiteten ihn bei der Hand und führten ihn nach Damaskus.
> 9 Und er war drei Tage nicht sehend und aß nicht und trank nicht.

Drei Tage vor dem Ereignis war Saulus der Mann schlechthin. Er war ein Kämpfer. Er hatte den geschriebenen Befehl mit der Erlaubnis, Männer und Frauen in Ketten zu legen und herumzuzerren. Dann bekam er eine Vision. Daraufhin war er völlig verstört und konnte drei Tage nichts essen und trinken. Er war blind. Aber nicht lange danach wurde er in einen der größten Dienste des Neuen Testaments hineingeführt.

Die Vision von Ananias

> Apostelgeschichte 9,10
> Es war aber ein gewisser Jünger in Damaskus, mit Namen Ananias; und der Herr sprach zu ihm in einem Gesicht: Ananias! Er aber sprach: Siehe, hier bin ich, Herr!

Können Sie das Wort Gesicht hier lesen? Die Kraft von Gesichten oder Visionen liegt darin, daß Gott zu Menschen spricht. Wie redet Gott zu Menschen? Ich werde das oft gefragt. Er redet in unterschiedlicher Weise zu ihnen. Er redet zu Menschen durch das innere Zeugnis des Heiligen Geistes. Er redet durch sein Wort. Und er redet durch Visionen. Der Grund, daß Gott heute nicht mehr so oft in Visionen redet, ist, daß Menschen nicht mehr an Visionen glauben. Und wenn sie eine Vision haben, dann merken sie noch nicht einmal, daß der Herr zu ihnen reden will. Sind Sie bereit den Anweisungen Gottes in einer Vision zu gehorchen? Wenn Sie dazu nicht bereit sind und der Herr auf diese Weise zu ihnen sprechen möchte, verpassen Sie große Segnungen, weil Sie nicht an Visionen glauben oder darüber nicht Bescheid wissen oder ihnen nicht genug Aufmerksamkeiten schenken. Vielleicht sagt jemand: »Ich will nicht durch Visionen geleitet werden.« Warum nicht? Das ist biblisch (solange Sie den Herrn nach Führung fragen und nicht den Visionen nachlaufen.) Ananias war bereit, einer Anweisung vom Herrn zu folgen. Er sagte: »Siehe, hier bin ich Herr.« Hier nun sein Auftrag:

> Apostelgeschichte 9,11-12
> 11 Der Herr aber sprach zu ihm: Stehe auf und geh in die Straße, welche die gerade genannt wird, und frage im Hause des Judas nach einem, mit Namen Saulus, von Tarsus, denn siehe, er betet;
> 12 und er hat im Gesicht einen Mann, mit Namen Ananias, gesehen, der hereinkam und ihm die Hände auflegte, damit er wieder sehend werde.

Gott hat nur eine Möglichkeit, um mit den Menschen in Beziehung zu treten, und das geschieht durch das Gebet. Wenn Sie beten, wird Gott Ihnen Anweisungen geben. Vielleicht redet Gott durch eine Vision. Er will nur für Sie große und mächtige Dinge tun, wenn Sie nur beten. Auch wenn Sie vielleicht blind sind oder vielleicht gerade Ihren Job verloren haben oder durcheinander und verwirrt sind. Wenn Sie nur beten, wird Gott in Erscheinung treten. Warum? Er will Ihnen helfen. Er will Ihnen den Sieg geben.

Wenn Sie nicht wissen, was der Wille Gottes für Ihr Leben ist, dann beten Sie. Wie wollen Sie denn den Willen Gottes in Ihrem Leben zur Entfaltung bringen, wenn Sie nicht wissen, was der Wille Gottes für Ihr Leben ist. Was wollen Sie tun, wenn Sie nicht wissen, was zu tun ist? Jedesmal wenn Sie nicht wissen, was zu tun ist, dann beten Sie in Sprachen. Wenn

Sie ein wenig beten, dann bekommen Sie ein wenig von Gott. Beten Sie viel, dann bekommen Sie viel von Gott.

Darum geht es in Ihrem Leben mit Gott. Es ist das Gebet – besonders das Beten im Heiligen Geist. Aber das Beten auf deutsch bewirkt auch sehr viel. Beten Sie! Nehmen Sie selbst Kontakt zu Gott auf.

Der Herr gab Ananias einen Befehl. Warum? Saulus hatte seit drei Tagen nichts gegessen und getrunken und er betete. Manchmal ist es wichtig, zu fasten und zu beten. Visionen sind genauso wichtig. Gott kann Ihnen in einem Bild etwas Zukünftiges zeigen. Jesus hatte Paulus bereits eine Vision von einem Mann gezeigt und ihm auch den Namen mitgeteilt. Er hatte ihm gesagt, daß dieser Mann namens Ananias kommen und ihm die Hände auflegen würde. Warum? Das ist eine grundlegende Lehre der Gemeinde. So bekommen blinde Menschen ihr Augenlicht zurück – indem man Hände auf die Augen legt.

> Apostelgeschichte 9,13-20
> 13 Ananias aber antwortete: Herr, ich habe von vielen über diesen Mann gehört, wie viel Böses er deinen Heiligen in Jerusalem getan hat.
> 14 Und hier hat er Vollmacht von den Hohenpriestern, alle zu binden, die deinen Namen anrufen.
> 15 Der Herr aber sprach zu ihm: Geh hin!
> 16 Denn ich werde ihm zeigen, wie vieles er für meinen Namen leiden muß.
> 17 Ananias aber ging hin und kam in das Haus; und er legte ihm die Hände auf und sprach: Bruder Saul, der Herr hat mich gesandt, Jesus, der dir erschienen ist auf dem Weg, den du kamst, damit du wieder sehend und mit Heiligem Geist erfüllt werdest.
> 18 Und sogleich fiel es wie Schuppen von seinen Augen, und er wurde sehend und stand auf und ließ sich taufen.
> 19 Und nachdem er Speise genommen hatte, kam er zu Kräften. Er war aber einige Tage bei den Jüngern in Damaskus.
> 20 Und sogleich predigte er in den Synagogen Jesus, daß dieser der Sohn Gottes ist.

Paulus und Petrus hatten ein Verständnis von Visionen

> Apostelgeschichte 16,9-10
> 9 Und es erschien dem Paulus in der Nacht ein Gesicht: Ein mazedonischer Mann stand da und bat ihn und sprach: Komm herüber nach Mazedonien und hilf uns!
> 10 Als er aber das Gesicht gesehen hatte, suchten wir sogleich nach Mazedonien abzureisen, da wir schlossen, daß Gott uns gerufen habe, ihnen das Evangelium zu verkündigen.

Paulus kannte die Bedeutung von Visionen. Paulus legte eine große Betonung auf Visionen. Paulus empfing eine Vision in der Nacht. Er sah einen Mann, der rief: »Komm nach Mazedonien und hilf uns.« Die Bibel berichtet, daß Paulus sofort, nachdem die Vision vorbei war, sein Team zusammenstellte. Er und seine Mitarbeiter versuchten, nach Mazedonien zu gehen, um das Evangelium in Mazedonien zu predigen, weil Paulus glaubte, daß Gott ihn dort hin gesandt hatte.

Wenn Sie nicht wissen, was Visionen sind oder ihnen keine Beachtung schenken, dann werden Sie nicht danach handeln. Sie werden zu Hause bleiben und die Mazedonier werden in der Hölle landen – und es wird Ihr Fehler sein. Sie hätten etwas tun können, um es zu verhindern. Wenn ich sage, es ist Ihr Fehler, dann ist das genau das, was ich meine. Wenn Gott Ihnen einen Befehl gibt und Sie gehorchen nicht, dann werden Sie nie das Ergebnis dieses Befehls erfahren, denn Sie haben sich geweigert, es zu tun.

Paulus hatte keine Vorbereitungen getroffen, denn er hatte sich keine Gedanken darüber gemacht, nach Mazedonien zu gehen. Er war völlig unvorbereitet, aber sofort nachdem er die Vision empfangen hatte, trat er in Aktion. Er bereitete sich vor, nach Mazedonien zu gehen und den Menschen dort zu dienen.

Der Dienst des Paulus wurde durch eine Vision gegründet. Gott begegnete ihm auf dem Weg nach Damaskus. Ein Licht erschien ihm in einer Vision und eine Stimme unterwies ihn, was er tun sollte. Hier nach vielen Jahren folgt Paulus immer noch dem Herrn durch göttliche Visionen und Stimmen.

Petrus war auch ein Mann zu dem Gott in Visionen sprach. Wie wir bereits gesehen haben, wurde der Dienst von Petrus an den Heiden durch eine Vision, bei der die natürlichen Sinne ausgeschaltet sind, gegründet. Plötzlich findet sich die Person in der geistlichen Welt wieder. Im 11. Kapitel der Apostelgeschichte lesen wir, wie Petrus diese Art von Vision empfing. Genauso wie bei Paulus, reagierte Petrus auf das, was er in der Vision Gottes hörte und sah. Petrus kannte die Wichtigkeit von Visionen. Er reagierte auf das was er sah, nämlich das heruntergelassene Tuch vom Himmel. Als Ergebnis wurden die Heiden mit dem Evangelium erreicht. Und das sollen Sie und ich heute tun.

Wenn Gott uns eine Vision gibt, möchte er, daß wir verstehen, was er sagt, und dann sollen wir darauf reagieren. Er will, daß wir in Gehorsam reagieren und das sofort. Visionen werden Sie verändern. Sie werden Ihren Weg verändern, wenn Sie es erlauben. Als Paulus in der Nacht eine Vision von einem mazedonischen Mann empfing, der ihn um Hilfe bat, veränderte er seine Pläne. Er ging nach Mazedonien und predigte das Evangelium, weil er der Überzeugung war, daß Jesus ihn dorthin gesandt hatte. Erschien Jesus ihm auf die gleiche Weise wie auf dem Weg nach Damaskus, um ihm zu sagen, daß er nach Mazedonien gehen sollte? Nein, dieses Mal empfing Paulus seinen Marschbefehl vom Herrn in einer nächtlichen Vision. In dieser Vision sah Paulus einen Mann der ihm zurief: »Komm herüber und hilf uns!«

Heute rufen Menschen auf der ganzen Welt in der gleichen Weise nach Ihnen und mir. Warum beten Sie nicht und sagen dem Herrn, daß Sie zur Verfügung stehen? Warum finden Sie nicht heraus, ob Gott Ihnen nicht Gnade gibt und Sie zu solchen Orten, wie Mazedonien schickt, um das Evangelium zu verkündigen? Das wäre eine der größten Beförderungen, die Sie in Ihrem Leben bekommen könnten. Wenn Sie eine Vision empfangen oder eine Stimme zu Ihnen spricht und Ihnen sagt, daß Sie gehen sollen, dann bekommen Sie von Gott persönlich einen Auftrag.

Wie wir bereits gesagt haben, ist es normal für den Herrn, Menschen durch das innere Zeugnis zu leiten. Wenn Sie eine Vision empfangen und sie ist von Gott, dann haben Sie die wunderbare Möglichkeit, auf das innere Zeugnis zu hören, um diesen Ruf bestätigen zu lassen. Wenn Gott Ihnen sagt, Sie sollen in die Mongolei gehen, dann wird der Heilige Geist es in Ihnen jedesmal, wenn jemand »Mongolei« sagt, bestätigen. Sie spüren es dann in Ihrem Geist, und Sie wissen, daß Ihr Ruf und Dienst vom Herrn bestätigt worden ist.

Es geschieht heute immer noch

Gott gab einer Person, die ich kannte, eine Vision. Im Alter von siebzehn Jahren empfing sie während des Gebets eine Vision. Der Herr sagte ihr, sie solle zu einer bestimmten Stadt gehen, predigen und dort eine Gemeinde für ihn bauen. Der Herr bestätigte den Ruf, indem er der Mutter in einer Vision offenbarte, was er der Tochter gezeigt hatte.

Das Teenagermädchen hatte kein Geld, genauso wenig die Mutter. Aber das hinderte die beiden nicht daran, zu tun, was Gott ihnen in den Visionen gezeigt hatte. Gott sagte der Mutter, daß sie mit ihrer Tochter gehen und sie unterstützen sollte: »Ich habe deine Tochter in eine bestimmte Stadt berufen, und sie soll dort eine Gemeinde für mich bauen. Gehe du mit ihr, und hilf ihr mit allem was du hast.« Dieses junge Mädchen erzählte ihrer Mutter von der Vision. Ihre Mutter antwortete: »Ich weiß das schon, ich gehe mit dir.« – »Aber Mama«, sagte das Mädchen, »ich soll da predigen.«

Viele Menschen hätten argumentiert: »Predigen? Aber Kind, die Leute, halten nichts von Frauen, die predigen.« Aber nicht diese Mutter, sie wußte, daß es nicht wichtig war, was Menschen glauben, sondern das zählt, was Gott sagt. Es ist nicht wichtig, was unsere Freunde glauben oder was wir glauben. Es zählt, was Gott sagt.

Wenn Gott ein siebzehnjähriges Mädchen zum Predigen berufen möchte, dann beruft Gott auch ein siebzehnjähriges Mädchen. Gott sagte dem Mädchen, sie solle zusammenpakken, in eine andere Stadt ziehen und dort eine Gemeinde für ihn bauen, und weil die Mutter an das glaubte, was ihre Tochter tat, ging sie mit ihr.

Sie hatten kein Geld, kein Gebäude, und sie kannten auch niemand in dieser Stadt. Sie fanden einen freien Platz in einem der Außenbezirke der Stadt. Sie bekamen vom Eigentümer die Erlaubnis, dort auf einem freien Feld zu predigen. Sie gingen hin und fingen an, das Unkraut auszureißen. Tagelang arbeiteten sie mit bloßen Händen. Sie rissen soviel Unkraut heraus, um eine freie Fläche zu erhalten für fünfzehn bis zwanzig Sitzplätze und ein kleines Podest, von dem das Mädchen predigen sollte.

Eines Tages fuhr dort ein Pastor vorbei. Er hielt an und fragte: »Was machen Sie denn da?«

»Wir jäten Unkraut. Dann werden wir einige Stühle aufstellen und Gottesdienste abhalten.«

»Wer wird denn predigen?«

Das siebzehnjährige Mädchen antwortete: »Ich werde predigen.«

»Du willst predigen?«

»Ja, der Herr hat mir gesagt, ich soll hierher kommen, predigen und eine Gemeinde bauen.«

Normalerweise wäre so ein Gespräch mit manchen Pastoren nicht sehr gut verlaufen, besonders zu der Zeit. Aber dieser Prediger war erfüllt von Gott und kannte auch keine Eifersucht, weil eine andere Gemeinde in seiner Nähe entstehen sollte. Er war nicht eifersüchtig auf ein siebzehnjähriges Mädchen.

»Was habt ihr denn für eine musikalische Begleitung?« fragte er.

»Wir haben keine Instrumente. Wir könnten Klavier spielen, wenn . . ?«

»Ich bin der Pastor der Assembly of God Gemeinde in dieser Stadt«, bemerkte er.

»Nun«, sagte das Mädchen voller Kühnheit, »wenn Sie uns Ihr Klavier leihen würden, dann hätten wir eines.«

»Mein Klavier verleihen? Von meiner Gemeinde? Ich kann Ihnen nicht unser Gemeindeklavier leihen. Es wäre hier die ganze Nacht unter freien Himmel, und wenn der Tau darauf fällt ruiniert es das Klavier.«

»Wenn wir eine kleine Hütte hätten, könnten wir es unterstellen – vielleicht könnten Sie uns eine bauen.«

Mittlerweile fing der Pastor an, sich zu fragen: »Warum habe ich hier nur angehalten? Dieses siebzehnjährige Mädchen ist schon etwas Besonderes.« Schließlich sagte er: »Ich habe einige Zimmermänner in meiner Gemeinde. Ich will versuchen zwei, oder drei von ihnen aufzutreiben, um eine kleine Hütte und ein Podest zu bauen. Und wenn es möglich ist, werde ich Ihnen das Klavier leihen.«

»Danke, Herr«, sagte das Mädchen, nachdem der Pastor gegangen war. Dann jätete sie mit ihrer Mutter weiter das Unkraut. Die beiden Frauen organisierten ein paar Sachen – Bretter, Kisten, Holzblöcke – alles, was man benutzen konnte, um darauf sitzen zu können. Danach luden sie Leute ein, zur Gemeinde zu kommen.

»Wir haben keine Stühle, aber auf dem Holzblock da drüben können sie sitzen.« Und so fing das Mädchen an zu predigen. Am ersten Abend waren acht Personen anwesend.

Am zweiten Abend waren es zwölf Leute, und am dritten Abend waren ungefähr fünfzehn Personen anwesend. Sie predigte mehrere Abende. Es dauerte nicht lange, da kam eine Familie mit ihrem kleinen Jungen. Der Junge wurde von neuem geboren. Die Mutter wurde von neuem geboren. Der Vater wurde von neuem geboren. Die Mutter holte ihre Schwester. Ihre Schwester kam mit ihrem Mann und ihrem kleinen Jungen. Alle wurden von neuem geboren.

Dann holten sie eine andere Schwester. Sie kam und brachte ihren Mann und ihren kleinen Sohn mit. Alle sechs Eltern und ihre drei Jungen wurden von neuem geboren. Und Gott gab allen drei Jungen das gleiche musikalische Talent. Diese drei Jungen waren Mickey Gilley, Jerry Lee Lewis und Jimmy Swaggert.

Unabhängig von den traurigen Kontroversen im späteren Leben Jimmy Swaggerts, ist es offensichtlich, daß er tausende von Menschen mit der Botschaft der Errettung erreicht hat. Wie kam dies alles zustande? Durch eine Vision, die Gott einem siebzehnjährigen Mädchen gegeben hatte. Gott sprach zu ihr und unterwies sie, während sie betete, in eine bestimmte Stadt zu gehen, zu predigen und eine Gemeinde zu bauen. Und sie war gehorsam. Sie gründete eine Gemeinde.

So weit ich informiert bin, existiert die Gemeinde immer noch. Dieses kleine Mädchen führte Menschen zum Herrn und hat auch nicht aufgehört, es zu tun. Sie erzählte mir: »Während der ganzen Versammlung, nachdem Jimmy sein Leben Jesus übergeben hatte, rannte er herum und sagte: 'Ich werde ein Prediger.'« Er war acht Jahre alt und sagte: »Wenn ich groß bin, werde ich predigen, wie dieses Mädchen da«, und er hat die Wahrheit gesagt.

Gott hat einen Auftrag für Sie

Vielleicht fragen Sie jetzt: »Warum hat Gott denn nicht einen bekannten Evangelisten dafür gebraucht?« Ein bekannter Evangelist wäre nicht die richtige Person für diese Aufgabe gewesen. In diesem Fall war ein siebzehnjähriges Mädchen viel effektiver. Es interessiert mich nicht, wie Sie aussehen. Es interessiert mich nicht, was Ihr persönlicher Hintergrund ist. Gott hat in diesem Leben einen Auftrag für Sie. Beten Sie, und finden Sie heraus, was Gott geplant hat. Und machen Sie sich keine Sorgen darüber, was andere tun. Machen Sie sich keine Sorgen, wenn Ihr Freund eine große Gemeinde mit tausend Mitgliedern baut, und Sie haben noch nicht mal angefangen. Machen Sie sich deswegen nicht verrückt, beten Sie für ihn. Wenn Ihr Freund tausend Mitglieder in seiner Gemeinde hat, dann ist das schon in Ordnung.

Gott kann Sie auf einen Missionseinsatz schicken, und als Ergebnis dieser Reise, hervorgerufen durch eine Vision, können mehr Menschen zum Herrn kommen, als durch den Einsatz fünfundzwanzig bekannter Evangelisten in einem Jahr. Nur durch eine kleine Missionsreise.

Wollen Sie wissen wer das Mädchen war? Vielleicht kennen Sie sie nicht, aber vielleicht kennen Sie ihre Familie. Sie war die Schwester von Lester Sumrall, Leona Sumrall Murphy. Ihr Mann und sie sind in der Fernseharbeit von Lester Sumrall tätig. Die beiden beten jeden Abend für Menschen, außerdem predigt sie immer noch. Sie hat als siebzehnjähriges Mädchen Gott gehorcht, und deshalb wurden tausende von Menschen von neuem geboren. Durch ihren Dienst und den Dienst von Jimmy Swaggert, der sich im Alter von acht Jahren durch ihre Predigt bekehrte, wurden hunderttausende von Menschen errettet.

So wichtig kann eine einzelne Vision von Gott sein. Beten Sie, daß Gott Ihnen eine Vision gibt, so wie der Heilige Geist es führt. Vielleicht läuft irgend ein kleiner Junge voller Drogen, irgendwo auf einer Straße entlang, und niemand liebt ihn.

Vielleicht will der Herr, daß Sie hingehen, Ihre Arme um ihn legen, ihn lieben, so daß sein Körper gereinigt, geheilt und mit dem Geist Gottes erfüllt wird. Vielleicht wird er der größte Evangelist Amerikas. Vielleicht bringt er Tausende zum Herrn – und sehen Sie dann auf die Belohnung, die Sie bekommen. Beten Sie! Beten Sie, daß Gott Ihnen eine Vision gibt – eine Vision für den Dienst. Beten Sie, daß der Herr Sie durch seinen Geist führt. Beten Sie, daß er Ihnen zeigt, wohin Sie gehen und was Sie tun sollen.

Kapitel 8

Die Wichtigkeit einer persönlichen Vision

Als meine Frau und ich uns trennten, sagte sie mir: »Norvel, ich habe elf Jahre lang mit dir zusammen gelebt und ich habe die größte Achtung vor dir, wie ich es bei keinem anderen Mann hatte. Aber«, sagte sie, »ich werde mein gesellschaftliches Leben nicht aufgeben. Ich weiß, daß der Ruf Gottes auf deinem Leben liegt. Ich weiß das seit vielen Jahren, aber das ist nichts für mich. Ich verlasse dich.« Sie wußte, daß ich eine persönliche Vision Gottes für meinen Dienst hatte.

Persönliche Visionen sind wichtig. Die Bibel sagt: »Ohne Vision geht ein Volk zugrunde...« (Sprüche 29,18) Der Herr kam, setzte sich zu mir ins Auto und redete eineinhalb Stunden mit mir. Er gab mir dort eine persönliche Vision für meinen Dienst. Wenn Sie so eine Begegnung mit dem Herrn haben, geben Sie ihm entweder Ihr ganzes Leben oder Sie sterben. Ich hatte den Herrn vier bis fünf Jahre an die Seite gedrängt und hatte jetzt keine Wahl mehr. Ich wußte, wenn ich nichts veränderte, dann würde ich sterben, denn man kann den Herrn nur eine gewisse Zeit ignorieren, und dann kommt etwas in Bewegung. So gab ich mich dem Herrn völlig hin.

Daraufhin erklärte mir meine Frau: »Ich werde mein gesellschaftliches Leben nicht aufgeben.« Ich konnte sie verstehen. Sie war in einer respektablen Familie in Boston und New York aufgewachsen. Sie war gutbürgerlich. Sie trug jedesmal, wenn sie das Haus verließ einen Hut, Handschuhe und hochhackige Schuhe. Sie war erzogen worden, sich so zu kleiden und zu benehmen. Ich habe einen gewissen Respekt davor. Sie war ein Mädchen aus der Oberschicht und außergewöhnlich schön. Sie sah aus wie Elizabeth Taylor.

Ich erinnere mich daran, als wir uns das erste Mal trafen. Ich war damals in New York, und sie hatte sich in mich verliebt. Nach unserem ersten Treffen, ging sie nach Hause und erklärte ihrer Familie: »Heute habe ich den Mann getroffen, den ich heiraten werde.« Wir waren elf Jahre verheiratet und hatten ein Kind. Es war eine schöne Zeit. Ich muß zugeben wir hatten eine schöne Ehe.

Aber als Jesus sich zu mir ins Auto setzte und eineinhalb Stunden mit mir redete, starb der alte Norvel. Als Jesus mich verließ, war ich ein völlig neuer Mann. Ich hatte eine neue Vision. Ich sah, wie die Welt zur Hölle geht, und ich mußte etwas dagegen tun. Als ich nach der Vision nach Hause kam, erkannte mich meine Frau fast nicht wieder. »Was ist mir dir passiert?« fragte sie. »Das glaubst du mir nicht«, antwortete ich, »ich kann es selber kaum glauben. Jesus kam und hat sich eineinhalb Stunden mit mir im Auto unterhalten. Ich habe ihm von heute an mein Leben völlig übergeben.« Weiter sagte ich zu meiner Frau: »Ich werde sein Angesicht suchen.« Da hat sie mir gesagt: »Norvel, ich werde mein gesellschaftliches Leben nicht verändern.«

Deshalb lebe ich so, wie ich heute lebe. Meine Frau verließ mich und reichte die Scheidung ein. Ich hatte damit nichts zu tun. Es ist eine Sache, Gott sein Herz zu geben, aber es ist eine andere Sache, dem Herrn sein Leben zu geben. Wenn Sie ihm gehören, hat er ein Recht, Sie heimzusuchen und Ihnen zu sagen: »Ich will, daß du zu einem bestimmten Ort gehst. Jemand liegt dort im Sterben und ich will, daß du die Macht des Feindes über dem Leben dieser Person zerstörst. Ich will, daß du in meinem Namen gehst. Gehe hin!« Wenn Ihr Leben dem Herrn gehört, dann werden Sie gehorchen. Wenn Sie ihm gehorchen, wird er Ihnen Anweisungen geben. Oh, das ist so schön. Er wird Sie in missionarische Dienste führen. Gott wird Ihr Leben so reich segnen, daß Sie sich wundern werden, woher all die Segnungen kommen.

»Gehe und treibe den Dämonen aus!«

Eine Vision von Gott kann die Ursache dafür sein, daß tausende von Menschen zum Herrn kommen. Sie reagieren auf eine Vision Gottes, die Ihnen sagt, irgendwo hinzugehen und ihm zu dienen, und durch Ihren Gehorsam können tausende von Menschen in den Himmel kommen. Wenn Sie nicht gehen, können dadurch in gleicher Weise Tausende in die Hölle kommen. Manchmal sind Sie an einer Stelle oder in einer Position, wo Gott Ihnen sagt, daß Sie etwas tun sollen, was kein anderer tun kann. Vielleicht sind Sie die einzige Person zu einer bestimmten Zeit, an einem bestimmten Ort, die das tun kann, was zu tun ist.

Als Lester Sumrall vor einigen Jahren auf den Philippinen war, lebte dort eine Prostituierte, die ganz Manila in Furcht und Schrecken hielt. Sie schrie und kreischte. Die Dämonen sprachen durch sie. Sie sagte einem Arzt: »Du wirst sterben.« Er starb am nächsten Tag. Sie sagte dem Gefängnisleiter, daß er sterben würde. Zwei Tage später war er tot. Der Bürgermeister war voller Sorge, weil dieses Mädchen so viel Macht hatte. Sie konnte den Tod über jemanden verkünden und die betreffende Person starb.

Bruder Sumrall war auf den Philippinen, um eine Gemeinde zu gründen. Eines Morgens während er sich rasierte, hörte er über den Radiosender ihre Schreie. Ihre Geschichte erreichte nationale Aufmerksamkeit, und ganz Manila war voller Furcht. Das Mädchen berichtete, wie zwei Dämonen zu ihr kamen, sie bissen und die Bißwunden an ihrem Körper zu sehen waren. Sie erzählte, daß der eine Dämon groß und der andere klein war. Niemand wollte etwas mit ihr zu tun haben, denn alle fürchteten sich vor ihr.

Während Bruder Sumrall die Schreie des Mädchens hörte, sprach der Herr zu ihm: »Ich will, daß du die Dämonen austreibst.« Bruder Sumrall wollte nicht gehen, aber der Herr versicherte ihm, daß er niemand anderes hätte, der es tun könnte. Bruder Sumrall sagte: »Ich werde es tun.«

Er bekam vom Bürgermeister die Erlaubnis ins Gefängnis zu gehen, um für das Mädchen zu beten. Als er dort hinkam, warteten bereits hundert Reporter auf ihn. Sie kamen aus aller Welt – Paris, London, einfach von überall. Bruder Sumrall sagte: »Ich wollte kein großes Publikum dafür. Ich wollte einfach alleine für das Mädchen beten.« Aber einer der Reporter sprach zu ihm: »Schauen Sie, Pastor Sumrall, wenn wirklich jemand dem Mädchen helfen kann, dann sind Sie hier der Einzige weit und breit. Und das sind Neuigkeiten, große Neuigkeiten. Wir haben das gute Recht darauf, es zu sehen, und wir haben auch das gute Recht, es zu drucken.«

Schließlich sagte Bruder Sumrall: »Sie haben Recht, ich war der falschen Meinung. Die Dinge Gottes sollen nicht unter den Scheffel gestellt werden. Sie haben ein Recht darauf, es zu sehen. Die ganze Welt hat ein Recht darauf, es zu sehen. Es wird Hilfe kommen, Sie werden es sehen und berichten, und Jesus wird alle Ehre bekommen.«

Bruder Sumrall betete und fastete. Er hatte einige Hindernisse aus dem Weg zu räumen, um die Erlaubnis zu bekommen, das Mädchen zu sehen. Schließlich befahl er den Dämonen in ihr und betete für sie, und sie wurde frei. Das Mädchen nahm Jesus als ihren Erretter an. Bruder Sumrall sagte ihr, daß der Teufel vielleicht versuchen würde zurückzukommen, aber sie solle dann im Namen Jesus widerstehen. Der Punkt an dieser Sache ist, daß der Herr Bruder Sumrall gesagt hatte, daß er der Einzige in ganz Manila war, der diese Aufgabe für ihn erledigen konnte.

Sie werden wahrscheinlich irgendwann in Ihrem Leben in eine ähnliche Situation kommen. Wenn Sie Gott nicht gehorchen, wenn Sie nicht tun, was der Herr möchte, wird es nicht geschehen. Eine Art, wie Gott zu ihnen spricht, ist durch Visionen.

Finden Sie den Willen Gottes heraus – und tun Sie ihn!

Eine persönliche Vision für den Dienst wird Sie im Plan Gottes für Ihr Leben in der Spur halten. Er will Ihnen eine persönliche Vision geben, damit Sie seinen Willen kennen und tun. Ich bekam einmal mitten am Tag eine Vision von Gott. Es war, während ich in Florida auf meiner Missionsstation war. Ich wollte ein Flugzeug in Gainesville, Florida, etwa sechzig Meilen von der Missionsstation entfernt, erreichen. Einige Männer holten mich ab und luden mein Gepäck ins Auto. Ich saß auf der Beifahrerseite, und wir verließen die Missionsstation. Die Florida Missionsstation liegt rechts von der Westküste am Highway 79. Die Mission liegt nur zwei bis drei Häuserblocks vom Wasser entfernt. Sobald der Fahrer das Tor durchfuhr, kam der Geist des Herrn auf mich und mitten am hellichten Tag, während ich im Auto saß, bekam ich eine Vision. Gott ließ diese Vision etwa dreißig Minuten auf mir ruhen. Ich war zum Teil anwesend und zum Teil in der geistlichen Dimension.

Während der ganzen Zeit zeigte der Herr mir Kinder. Gott wird Ihnen ganz unterschiedliche Visionen geben. Wenn Sie die Visionen anerkennen, die der Heilige Geist Ihnen zeigt, dann werden sie Ihnen von großem Nutzen sein. Eine Vision kann Ihnen mitteilen, daß sich jemand in Gefahr befindet. Eine Vision kann Ihnen einen Betrugsversuch bei einem Geschäftsabschluß zeigen. Eine Vision kann Ihnen zeigen, daß Sie gerade jemand bestiehlt, und wenn Sie Gott gehorsam sind, können Sie die Diebe fangen. Eine Vision kann Ihnen zeigen, wie die Erweckung auf die Erde kommt. Aber hier zeigte der Herr mir in einer Vision Kinder, nichts als Kinder . . . kleine hungrige Kinder . . . Kinder, die kein Zuhause hatten. Ich wußte, daß ich im Auto saß, aber ich war auch irgendwo anders. Die sichtbare Welt war für mich bedeutungslos. Es interessierte mich nicht, was um mich herum geschah, denn ich empfing gerade eine Vision von Gott. Ich sah es in meinem Geist, tief in mir, in meinem Körper.

Jesus sagt: »Aus Ihrem Leib sollen Ströme lebendigen Wassers fließen.« (Johannes 7,38) Wenn Sie nichts von dem lebendigen Wasser, das aus Ihnen fließen soll, getrunken haben, dann bitten Sie den Herrn, daß er Ihnen etwas zu Trinken gibt. Sagen Sie: »Herr, laß Ströme von lebendigen Wasser aus mir fließen.« Reden Sie einfach mit ihm. Der Herr hat verheißen, daß die, die nach Gerechtigkeit hungern und dürsten, satt werden sollen (Matthäus 5,6). Sagen Sie ihm, daß Sie hungrig sind. Zeigen Sie ihm, daß Sie hungrig sind. Er hat verheißen, daß die, die ihn suchen, ihn auch finden werden und daß er denen ein Belohner ist, die ihn ernstlich suchen (Hebräer 11,6). Aber sorgen Sie dafür, daß Sie schriftgemäß suchen. Es ist schriftgemäß, daß Ströme lebendigen Wassers aus Ihnen fließen, und es ist umsonst.

Mein Bruder, meine Schwester, Sie brauchen es. Wenn Sie in dieser Welt leben wollen, dann brauchen Sie es. Der Herr gab mir aus den Strömen von lebendigem Wasser eine persönliche Vision für Kinder. Er zeigte mir hungrige Kinder. Er machte mich verantwortlich dafür. Er machte *mich* verantwortlich und niemand anderen. Ich sagte zu dem Herrn: »In Ordnung, Herr, ich habe diese Vision von dir empfangen, aber du mußt mir helfen und zeigen, wie es gehen soll. Zeige mir was ich tun soll.

Ein Jahr verging, und ich empfing nichts Neues zu der Vision. Lernen Sie geduldig, zu sein. Füllen Sie Ihren Geist und Ihren Glauben mit Geduld. Tun Sie das nicht, werden Sie Schwierigkeiten bekommen. Sagen Sie dem Herrn, daß Sie tun wollen, was er möchte. Dann warten Sie auf den Herrn. Gehen Sie nicht los und unternehmen irgend etwas. Nehmen Sie nicht jede Vision und rennen los. Gott hat seinen Zeitplan. Warten Sie auf ihn, daß er Ihnen den Weg zeigt. Nehmen Sie Visionen ernst, aber nehmen Sie nicht die Vision und fangen an loszulaufen, wenn der Herr Ihnen nicht vorher gezeigt hat, wohin Sie gehen sollen, was Sie tun sollen und wann es geschehen soll. Aber wenn er es dann getan hat, dann laufen Sie los, so schnell Sie können. Seien Sie wie Paulus. Sobald Sie Ihre Vision vom Herrn empfangen haben, treffen Sie die Vorbereitungen zu gehen und die Vision zu erfüllen.

Ich war in Springfield, Missouri, und sprach bei einer Konferenz. Es waren über tausend Menschen anwesend, und eine Person hatte einen Nervenzusammenbruch. Der Herr ließ mich für diese Person beten, und sie wurde völlig geheilt. Der Herr tat Wunder und viele andere gute Dinge auf der ganzen Konferenz.

Nachdem ich gedient hatte, ging ich zurück auf die Bühne, als plötzlich ein Reden in anderen Sprachen zu hören war. Die Auslegung dazu kam, und es war für mich: »Höre, ich habe die kleinen Kinder nicht vergessen. Ja, ich werde dich ein Gebäude errichten lassen für mich, für die kleinen Kinder. Aber nicht jetzt. Ich werde dir zeigen wann.« Ich sagte: »Danke, Herr.«

Ein Jahr später empfing ich eine weitere Bestätigung beim jährlichen Campmeeting in Tulsa von Kenneth Hagin. An einem Abend, als Bruder Hagin sprach und gerade zur Bekehrung aufrief, spürte ich, wie der Heilige Geist mich drängte zu gehen. Das passiert mir sehr selten, aber an diesem Abend war es so. Er wollte, daß ich den Gottesdienst verließ. Ich ging nach draußen, setzte mich ins Auto und der Geist der Fürbitte kam auf mich. Ich schaffte es irgendwie zu jemand nach Hause zu kommen und mit anderen zu beten. Der Geist der Fürbitte kam auf uns alle. Wir lagen mit dem Gesicht nach unten auf dem Boden und beteten in Sprachen.

Nachdem wir lange gebetet hatten bekam, jemand eine Botschaft in Sprachen. Ein anderer krabbelte unter der Kraft Gottes durch das Zimmer, legte seinen Kopf auf meine Füße und gab weinend die Auslegung. Die Kraft Gottes kam in einer Welle über mich. Wissen Sie, was der Herr mir sagte? Er sagte: »Ich habe dich gesehen. Ich weiß, was dir passiert ist. Ich habe deine Treue gesehen. Ich weiß, was du getan hast. Ich weiß, was du verloren hast. Ich weiß, was du aufgegeben hast. Ich weiß, du hast die Liebe und Wärme einer Familie um des Evangeliums willen verloren. Ja, mein Sohn, ich habe dich die ganzen Jahre gesehen und ich habe gesehen, daß du dieser Liebe in den letzten zwanzig Jahren beraubt worden bist – die Liebe, ist von der Schlange gefressen worden. Ich werde dir alles erstatten durch die kleinen Kinder. Sie werden dich lieben und lieben und lieben.«

Als ich das hörte, wurde ich von der Liebe Gottes einfach gesättigt, und dann sagte der Herr zu mir: »Ich werde dich nicht mehr wegen dieses Dienstes besuchen, bis es so weit ist. Das nächste Mal werde ich in der Nacht zu dir kommen und dir zeigen, was du tun sollst und wo du dieses Waisenhaus bauen sollst. Ich werde dir im Detail erklären, was zu tun ist. Ich werde des nachts kommen, wenn es so weit ist, und ich werde es dir zeigen.«

Die Vision ist bisher noch nicht gekommen, aber ich erwarte es. Und wenn sie kommt, werde ich die Pläne Gottes kennen, um für ihn ein Waisenhaus zu bauen. Es ist egal, was Sie um des Evangeliums willen aufgeben, der Herr wird es Ihnen zurückgeben. Sie werden nichts opfern müssen. Es wird Ihnen alles erstattet werden.

Ich hätte gerne meine Familie behalten, denn es war eine schöne und gute Familie. Ich hatte eine hübsche Frau, die gut zu mir war. Ich wäre gerne mit ihr zusammen geblieben. Leider war es unmöglich, sie wollte nichts mit dem Volk Gottes zu tun haben. Sie war zu sehr gesellschaftlich engagiert in ihrer Welt der reichen Parties, Country Clubs und ähnlichen Dingen.

Nachdem ich auf meine Knie gegangen war und Gott mein Leben übergeben hatte, kam der Herr zu mir ins Auto und redete eineinhalb Stunden mit mir. Als er mich verließ, war alles in mir ausgebrannt, und ich wußte, daß ich keine andere Wahl hatte. Entweder gab ich Gott mein Leben, oder ich würde sterben. So habe ich ihm mein Leben übergeben und nicht nur mein Herz. Der Herr sagte mir, ich solle nicht zur Bibelschule gehen. Er selbst wollte mich lehren. Er sagte: »Ich will dich unterweisen. Ich habe Paulus unterwiesen, ich habe Johannes, den Täufer, unterwiesen, und ich will dich unterweisen. Du bist einer von denen, die ich unterweisen will, mein Sohn.«

Der Wille Gottes für die meisten Leute ist, daß sie zur Bibelschule gehen sollen, aber für mich war es nicht so, obwohl der Herr mir gesagt hatte, ich solle selber eine Bibelschule gründen.

Kapitel 9

Wie man seine Vision am Leben erhält.

Haben Sie eine Vision für den Dienst? Haben Sie eine Vision vom Herrn bekommen? Dann schreiben Sie es auf.

> Habbakuk 2,2-3
> 2 Schreibe das Gesicht auf, und grabe es in Tafeln ein, damit man es geläufig lesen könne;
> 3 denn das Gesicht geht noch auf die bestimmte Zeit, und es strebt nach dem Ende hin und lügt nicht. Wenn es verzieht, so harre sein; denn kommen wird es, es wird nicht ausbleiben.

Der Heilige Geist macht keine Fehler. Er kennt Sie. Er weiß, was es braucht, damit die Vision Gottes in Ihrem Leben zur Erfüllung kommen kann. Er weiß, was dazu gehört, damit die Vision in Ihnen lebendig bleibt. Ich habe bereits beschrieben, wie man Visionen im Licht der Schrift verstehen kann. Ich habe erklärt, wie man Umstände verändert, wenn Gott Ihnen in einer Vision zeigt, daß etwas Schreckliches passieren wird. Nun möchte ich gerne erzählen, wie man eine persönliche Vision Gottes am Leben erhält.

Erbauen Sie sich selbst durch das Sprachengebet

> Judas 20
> Ihr aber, Geliebte, euch selbst erbauend auf euren allerheiligsten Glauben, betend im Heiligen Geiste,

Sie müssen Ihren eigenen Glauben stark halten. Wie bleibt Ihr Glaube stark? Indem Sie im Heiligen Geist beten. Beten Sie jeden Tag in neuen Sprachen. Wie oft? Ich weiß es nicht. Ich bete normalerweise den ganzen Tag in neuen Sprachen. Sie können während Sie den Flur entlang gehen in neuen Sprachen beten. Sie können während der Autofahrt in neuen Sprachen beten. Beten Sie im Heiligen Geist, wenn Sie am Morgen aufstehen, auf dem Weg zur Arbeit, nutzen Sie jede Gelegenheit, die Sie bekommen können. Vielleicht sagen Sie: »Ich weiß das, aber wenn ich am Morgen aufstehe, dann fühle ich mich nicht danach, im Heiligen Geist zu beten.« Können Sie mir das in der Bibel zeigen? Sollen Sie nur im Heiligen Geist beten, wenn Sie sich danach fühlen? Beten ist manchmal harte Arbeit. Vielleicht fühlen Sie sich niemals danach zu beten. Sie müssen dafür sorgen, daß Sie beten. Sie müssen selbst dafür sorgen, daß Sie stark und auferbaut sind.

Es ist genauso wie beim Traktate verteilen. Sie müssen sich dazu bewegen, Traktate auszuteilen. Sie müssen sich dazu motivieren, an die Türen zu klopfen. Warum? Niemand macht das gerne. Sie sind ein menschliches Wesen, und Sie leben in einem irdischen Körper. Und der irdische Teil von Ihnen will Sie daran hindern, zu glauben, was in der Bibel steht. Die Umstände werden auch dagegen sprechen. Sie können dem Wort nur auf eine Weise vertrauen und zwar durch den Glauben.

Verbinden Sie Ihren Glauben mit Geduld.

Dann seien Sie voller Geduld. Sie müssen von Kopf bis Fuß voller Geduld sein oder es fällt Ihnen schwer, die ganze Zeit an die Bibel zu glauben. Ihr natürlicher Verstand wird so stark, daß Sie zu zweifeln beginnen, ob Ihr Gebet überhaupt etwas nützt oder ob es jemals geschieht. Sie zweifeln daran, ob Gott es Ihnen überhaupt geben möchte. Sie fragen sich selber: »Was habe ich nur getan, daß meine Gebete nicht erhört werden?« Und so geht es abwärts, bis Sie völlig in Zweifel und Verwirrung untergegangen sind. Wenn Sie nicht von Geduld durchdrungen sind, dann reden diese anderen Dinge so stark auf Sie ein, bis Ihr Glaube sich in Luft aufgelöst hat. Sie müssen lernen, Geduld in Ihren Geist eindringen zu lassen, damit Sie die Dinge bekommen, die Gott für Sie hat. Leben Sie erfolgreich! Leben Sie kraftvoll! Leben Sie voller Liebe! Leben Sie vollmächtig! Leben Sie voll mit Barmherzigkeit! Sie müssen lernen, Ihren Geist voller Geduld zu haben, sonst arbeitet Ihr Glaube gar nicht oder nur teilweise für Sie. Ohne Geduld funktioniert Ihr Glaube nur manchmal.

Manche Menschen fragen sich, warum ihr Glaube nur manchmal funktioniert. Sie haben ein starkes geistliches Fundament und Erkenntnis in manchen Bereichen und wenig oder kein Fundament in anderen Bereichen. Das gleiche trifft auf Sie zu. Sie haben es verpaßt, wenn Sie an Gott glauben wollen, ohne der Bibel zu vertrauen, denn Gott ist Geist, und der Geist und das Wort stimmen überein. Wenn Sie nicht die Grundlagen des Wortes Gottes in Ihrem Geist verankert haben, so daß Sie Geduld in diesem bestimmten Bereich haben, können Sie Gott nicht glauben. Der Herr kann Ihre Gebete nicht beantworten, denn er ist Geist, und der Geist und das Wort stimmen überein. Wenn Sie versuchen, Gott für etwas zu glauben, und Ihnen fehlen die Grundlagen des Wortes Gottes in Ihrem Inneren, können Sie nicht empfangen, denn der Heilige Geist kann mit diesem allgemeinen Glauben nicht übereinstimmen.

Wie wird Ihr Geist so stark, daß Sie der Bibel glauben können und voller Glauben und Geduld handeln können? Sie müssen Ihren Geist mit den heiligen Dingen Gottes stärken. Das Wort Gottes ist heilig. Ihr Glaube soll auch heilig sein, sonst funktioniert er nicht. Wenn Ihr Geist schwach ist und Sie versuchen, Ihren Glauben aufzubauen, der ebenfalls schwach ist, können Sie nicht empfangen. Das bedeutet nicht, daß Sie kein guter Christ sind, das heißt nur, daß Ihr Glaube in diesem bestimmten Bereich schwach ist.

Sie müssen in neuen Sprachen beten. Wenn Sie nicht in neuen Sprachen beten, um den Geist aufzubauen, kommen Sie nicht an den Punkt, die Dinge zu empfangen, für die Sie beten. Sie sind dafür verantwortlich, Ihren Glauben aufzubauen. Wenn Sie nicht im Heiligen Geist beten, wird Ihr Geist so schwach, daß Sie die Dinge des Glaubens ablehnen werden. Sie können dann nicht im Glauben ohne Gefühle das Wort Gottes laut und deutlich bekennen.

Binde den Feind

Der Teufel ist ein Räuber (Johannes 10,10), und er wird Ihre Vision stehlen, wenn Sie es zulassen. Er wird Ihnen einreden, daß sie nicht zustandekommt. Sie müssen den Feind binden, und wenn Sie das tun, wird Gott kommen und ihn binden. Was immer auf Erden gebunden ist, wird auch im Himmel gebunden sein (Matthäus 16,19).

Nachdem der Teufel gebunden worden ist, müssen Sie Ihren Glauben in Aktion bringen. Laufen sie den Flur entlang, und bekennen Sie das Gegenteil von dem, was der Teufel sagt. Nachdem Sie das etwa dreißig Minuten bekannt haben, beten Sie weitere dreißig Minuten im Heiligen Geist und erbauen Ihren hochheiligen Glauben, denn heiliger Glaube kennt keine Niederlage.

Betrachten Sie Ihre Vision niemals aus menschlicher Sicht, denn damit bringen Sie sich selbst in Schwierigkeiten. Sehen Sie die ganze Sache mit den Augen des geistlichen Menschens. Wenn Ihr Geschäft bankrott geht, stellen Sie sich davor und sprechen und sehen Sie Erfolg. Sprechen Sie!

Ich werde manchmal gefragt: »Sie reden mit ihrem Geschäft?« – »Oh ja. Das ist der Grund, weshalb ich neun erfolgreiche Geschäfte besitze.

Sie müssen den Teufel binden und zu ihm sprechen. Satan will Ihnen ausreden, was Sie haben und tun sollen, es sei denn Sie verbringen Zeit damit, im Heiligen Geist zu beten und Ihren Glauben aufzubauen. Wenn Ihr Geist durch das Beten in neuen Sprachen aufgebaut ist, dann können Sie Visionen erkennen. Denken Sie daran, wenn Sie nicht etwas in Ihrem Geist erfaßt haben, kann Ihnen der Heilige Geist nicht helfen.

Das Gleiche gilt, wenn Sie nicht im Wort studieren. Sie werden die Visionen und ihre Bedeutung nicht verstehen. Wenn Sie nicht in der Bibel über Visionen studiert haben und nichts über Ihre Notwendigkeit wissen, dann verstehen Sie auch nichts davon, Visionen zu empfangen. Sie werden eine Vision vom Herrn weder empfangen noch erkennen, wenn Sie keine Kenntnis über Visionen in ihrem Geist haben. Studieren Sie, was die Bibel über Visionen sagt. Geben Sie dem Heiligen Geist Gelegenheit, in den Bereichen Ihres Geistes zu arbeiten, wo Visionen beteiligt sind.

Lassen Sie die Liebe Gottes überfließen

Je mehr Sie Gott kennen, desto besser werden Sie. Sie werden stärker. Es kommt mehr von der Liebe Gottes in Sie hinein. Je mehr Sie Gott kennen, desto mehr Liebe Gottes wird in Ihnen sein. Lassen Sie die Liebe Gottes fließen. Verteilen Sie Traktate, klopfen Sie an die Türen, treiben Sie Dämonen aus. Tun Sie solche Dinge und Sie werden Ihre Vision behalten. Ihre Vision wird nie verloren gehen.

Jede Gemeinde, die nicht ihre Stadt erreicht, hat ihre Vision für die Unerretteten verloren. Solche Menschen haben ihre Vision verloren. Die Bibel sagt: »Ohne Vision geht ein Volk zugrunde.« (Sprüche 29,18) Wenn Sie eine Vision bekommen haben, Menschen im Ausland zu helfen – oder was auch immer der Herr Ihnen sagt, wo sie hingehen sollen – verlieren Sie niemals die Vision für die Verlorenen. Wenn Sie in den Dienst gehen, dann verlieren Sie nicht die Vision, Menschen zu helfen. Bleiben Sie verfügbar für den Heiligen Geist.

Beten, bis das Feuer kommt

Wissen Sie was das Feuer Gottes tut? Das Feuer Gottes vernichtet den Müll in Ihnen. Es verbrennt alles, was dort nicht hingehört. Wie wird man mit Feuer getauft? Indem man in neuen Sprachen betet. Fallen Sie vor dem Herrn auf Ihr Angesicht, und beten Sie in neuen Sprachen. Beten Sie mehrere Stunden. Bitten Sie den Heiligen Geist, den Müll in Ihnen zu verbrennen. Das ist schmerzhaft, das kann ich Ihnen versprechen. Es fühlt sich wie ein Brandfeuer an, aber es wird den ganzen Müll vernichten.

Nehmen wir einmal an, Sie sind jähzornig, und Sie wollen davon frei werden. Dann gehen Sie auf die Knie und nehmen Sie Autorität über Ihren Jähzorn, der Ihrer Familie eine kleine Hölle bereitet hat und dessen Sie sich hinterher geschämt haben. Nehmen Sie in Jesu Namen Autorität darüber. Sagen Sie:? »Du Geist des Jähzorns, ich breche deine Macht und ich befehle dir, mich zu verlassen. Weiche von mir in Jesu Namen. Herr, ich will von diesem Jähzorn frei sein!«

Dann beginnen Sie im Heiligen Geist zu beten. Während Sie in neuen Sprachen beten, bekommen Sie die Gedanken Gottes. Sie haben um Befreiung gebeten. Der Heilige Geist wird dies für Sie tun. Es ist der Wille Gottes, daß sie frei vom Jähzorn sind. Der Herr sagt, wir haben nicht, weil wir nicht bitten (Jakobus 4,2). So binden Sie in Jesu Namen den Geist des Jähzorns und bitten Sie Gott, Sie zu befreien. Dann beten Sie solange in neuen Sprachen, bis Sie darüber hinauskommen. Sie müssen lange genug in Sprachen beten. Viele Christen tun das nicht. Wenn der Heilige Geist Sie über das Sprachenbeten hinausbringt, kommen Sie in das Reich des Seufzen vor dem Herrn. Dann kommt das Feuer Gottes und verbrennt alles, was verbrannt werden muß. Sie werden sich nicht um des Evangeliums willen schämen. Sie werden sich überhaupt nicht mehr schämen. Sie werden geduldig sein, und Sie werden Frieden haben.

Die kommende Erweckung

Vor einigen Jahren sah ich in einer Vision die kommende Erweckung für diese Erde. Das zeigte mir der Herr in einer offenen Vision. Ich sah die vier Winde, wie sie vom Osten, Westen, Norden und Süden von den vier Enden der Erde kamen, im Himmel zusammengefügt wurden und dann geballt auf die Erde zurückkamen. Dann kam das Wort des Herrn zu mir: »So kommt die nächste Erweckung auf die Erde. Sie kommt wie der Wind aus verschiedenen Richtungen. Sie wird einfach kommen, und junge Leute werden einen großen Anteil in der Erweckung haben.«

Was ist das Gute an Visionen? Warum sollen sie verstanden werden? Eine Vision ist Gottes Fenster zum Übernatürlichen. Eine Vision kann Sie warnen und Satans Pläne aufdecken, so daß sie durch das Gebet verhindert werden können. Eine Vision kann Sie leiten, unterweisen und Sie von Gebundenheiten befreien. Eine Vision kann Sie in den Dienst rufen. Gott kann Ihren Dienst durch eine Vision erweitern. Eine Vision kann Ihnen zeigen, daß es Gottes Plan ist, Menschen zu befreien und den Lauf der Dinge zu verändern. Studieren Sie, was die Bibel über Visionen sagt. Seien Sie offen, Visionen von Gott zu empfangen. Erlauben Sie dem Herrn, Ihnen durch den Segen von Visionen zu zeigen, was er Ihnen zeigen möchte und welchen Anteil Sie in der großen Erweckung haben, die ich in meiner Vision gesehen habe. Die Erweckung kommt bald.

Sein Reich und meine Veränderung
110 Seiten, 15,– DM

Hartwig Henkel:
Grundlagen des biblischen Lebensstils
66 Seiten, 4,– DM (1 Seite Fehldruck)

Hartwig Henkel und Wolfhard Margies:
Der Aufstand der Beter
112 Seiten, 15,– DM

Norvel Hayes:
Und du wirst Visionen haben
103 Seiten, 12,80 DM

Erfolgreich leben
103 Seiten, 13,– DM

Ed Traut
Der Herr redet
81 Seiten, 12,– DM

Marsch für Jesus:
Mehr Vollmacht auf der Straße
mit 70 Bildern
93 Seiten, 10,– DM